Sridhar Seshadri

Comunicação com computadores - uma introdução

Sridhar Seshadri

Comunicação com computadores - uma introdução

ScienciaScripts

Imprint

Any brand names and product names mentioned in this book are subject to trademark, brand or patent protection and are trademarks or registered trademarks of their respective holders. The use of brand names, product names, common names, trade names, product descriptions etc. even without a particular marking in this work is in no way to be construed to mean that such names may be regarded as unrestricted in respect of trademark and brand protection legislation and could thus be used by anyone.

Cover image: www.ingimage.com

This book is a translation from the original published under ISBN 978-3-330-32358-2.

Publisher:
Sciencia Scripts
is a trademark of
Dodo Books Indian Ocean Ltd. and OmniScriptum S.R.L publishing group

120 High Road, East Finchley, London, N2 9ED, United Kingdom
Str. Armeneasca 28/1, office 1, Chisinau MD-2012, Republic of Moldova, Europe
Printed at: see last page
ISBN: 978-620-8-09317-4

Índice

Destaques deste livro

Uma linguagem de comunicação por codificação é uma linguagem informática formal concebida para comunicar instruções a uma máquina, nomeadamente a um computador. Comunicação através de codificação

As linguagens de programação podem ser utilizadas para criar programas que controlam o comportamento de uma máquina ou para exprimir algoritmos. A máquina programável mais antiga que se conhece, anterior à invenção do computador digital, é o tocador automático de flauta descrito no século IX pelos irmãos Musa, em Bagdade, "durante a Idade de Ouro islâmica". A partir do início do século XIX, foram utilizados "programas" para dirigir o comportamento de máquinas como os teares Jacquard e os pianos. Foram criadas milhares de diferentes linguagens de comunicação por codificação, principalmente no domínio da informática, e muitas outras continuam a ser criadas todos os anos. Muitas linguagens de comunicação por codificação exigem que a computação seja especificada de forma imperativa (ou seja, como uma sequência de operações a efetuar), enquanto outras linguagens utilizam outras formas de especificação de programas, como a forma declarativa (ou seja, especifica-se o resultado pretendido, mas não a forma de o obter). A descrição de uma comunicação através de uma linguagem de codificação é normalmente dividida em duas componentes: sintaxe (forma) e semântica (significado). Algumas linguagens são definidas por um documento de especificação (por exemplo, a linguagem de comunicação por codificação C é especificada por uma norma ISO), enquanto outras linguagens (como o Perl) têm uma implementação dominante que é tratada como uma referência. Algumas linguagens têm ambas, sendo comum a linguagem básica definida por uma norma e as extensões retiradas da implementação dominante. Neste livro, tenta-se estudar as várias formas de comunicação através de linguagens de programação.

Sobre o autor

O Dr. S. Sridhar foi Professor e Diretor de RV Cognitive & Central Computing, R V College of Engineering, Bangalore, Índia. Homenageado por organismos internacionais/nacionais com escudos de ouro e certificados por contribuições notáveis nos domínios das tecnologias da informação, educação, investigação e consultoria, com experiência comprovada em 42 projectos MNC de H/W e S/W no aeroporto internacional de Sharjah e 30 projectos de I&D para ONGC, como as indústrias petrolíferas. Publicou 178 artigos em revistas internacionais/nacionais com as mais altas citações do Google Scholar. Orientou 20 doutoramentos em várias universidades como supervisor. Desenvolveu faculdades de engenharia ao nível das universidades com um processo de implementação de qualidade. Actuou como Examinador Chefe / Presidente de muitas Universidades como NAU, EUA / AGU Dubai / Skyline University, UAE / BITS-Dubai / MaheDubai. Organizou muitas conferências internacionais / workshops como Presidente Técnico e Editor Chefe. Autor de 2 livros (Adv Distributed DBMS e outro sobre Datamining) em conjunto com autores canadianos para a Pearson Publications. Recebeu escudos de ouro do Aeroporto de Sharjah, EAU, 3 vezes como Melhor Diretor e prémios nacionais na Índia por contribuições notáveis nos campos da Educação, Investigação e Trabalho de Consultoria. O Governo de Tamil Nadu, na Índia, distinguiu-o com o prémio Best Scholar Award em dinheiro. Selecionado três vezes como Melhor Profissional de TI pelo comité dos EUA e incluído na lista www.whoiswho-online.com. Mais pormenores em http://drsridhar.tripod.com

Dedicado a

A minha mãe Smt.Vijayalakshmi e o meu pai Sri.V.Seshadri

Agradecimentos

O autor agradece a todos os que, direta ou indiretamente, contribuíram para a elaboração deste livro com interesse puramente académico, de modo a que seja conveniente para os estudantes adquirirem conhecimentos básicos de comunicação através da codificação e, assim, motivá-los para uma leitura mais aprofundada.

CAPÍTULO 1 INTRODUÇÃO

Os primeiros computadores eram frequentemente programados sem a ajuda de uma comunicação através de uma linguagem de codificação, escrevendo programas em linguagem de máquina absoluta. Os programas, em formato decimal ou binário, eram lidos a partir de cartões perfurados ou de fita magnética, ou eram activados através de interruptores no painel frontal do computador. As linguagens de máquina absolutas foram mais tarde designadas por *linguagens de comunicação de primeira geração através de codificação* (1GL). O passo seguinte foi o desenvolvimento das chamadas *linguagens* de *comunicação de segunda geração através de linguagens* de *codificação* (2GL) ou linguagens de montagem, que continuavam estreitamente ligadas à arquitetura do conjunto de instruções do computador específico. Estas linguagens serviam para tornar o programa muito mais legível para o ser humano e libertavam o programador de cálculos de endereços fastidiosos e propensos a erros. As primeiras *linguagens de comunicação de alto nível através de codificação*, ou *linguagens de comunicação de terceira geração através de codificação* (3GL), foram escritas na década de 1950. Uma das primeiras linguagens de comunicação de alto nível a ser concebida para um computador foi o Plankalkül, desenvolvido para o Z3 alemão por Konrad Zuse entre 1943 e 1945. No entanto, só foi implementada em 1998 e 2000. O Short Code de John Mauchly, proposto em 1949, foi uma das primeiras linguagens de alto nível desenvolvidas para um computador eletrónico. Ao contrário do código de máquina, os enunciados do Short Code representavam expressões matemáticas de forma compreensível. No entanto, o programa tinha de ser traduzido para código de máquina sempre que era executado, o que tornava o processo muito mais lento do que executar o código de máquina equivalente. O Manchester Mark 1 executou programas escritos em Autocode a partir de 1952. Na Universidade de Manchester, Alick Glennie desenvolveu o Autocode no início da década de 1950. Uma linguagem de comunicação através de codificação, que utilizava um compilador para converter automaticamente a linguagem em código de máquina. O primeiro código e compilador foi desenvolvido em 1952 para o computador Mark 1 da Universidade de Manchester e é considerado a primeira linguagem de comunicação de alto nível compilada através de código.

1.1 Código de Instrução Simbólica para Principiantes

O BASIC (acrónimo de **Beginner's All-purpose Symbolic Instruction Code**) é uma família de linguagens de programação de alto nível para fins gerais, cuja filosofia de conceção privilegia a facilidade de utilização. Em 1964, John G. Kemeny e Thomas E. Kurtz conceberam a linguagem BASIC original no Dartmouth College, no estado americano de New Hampshire. Pretendiam permitir a utilização de computadores por estudantes de outras áreas que não as ciências e a matemática. Na altura, quase toda a utilização de computadores exigia a escrita de software personalizado, algo que só os cientistas e os matemáticos tendiam a aprender. As versões do BASIC difundiram-se nos microcomputadores em meados da década de 1970 e na década de 1980. Os microcomputadores eram normalmente fornecidos com BASIC, muitas vezes no firmware da máquina. A existência de uma linguagem fácil de aprender nestes primeiros computadores pessoais permitiu aos proprietários de pequenas empresas, profissionais, amadores e consultores desenvolverem software personalizado em computadores que podiam pagar.

1.2 ORIGEM

A linguagem BASIC foi lançada em 1 de maio de 1964 por John G. Kemeny e Thomas E. Kurtz e implementada sob a sua direção por uma equipa de estudantes do Dartmouth College. O acrónimo *BASIC* vem do nome de um artigo não publicado de Thomas Kurtz. O BASIC foi concebido para permitir que os estudantes escrevessem programas de computador mainframe para o Sistema de Partilha de Tempo de Dartmouth. Destinava-se especificamente a utilizadores menos técnicos que não tinham ou não queriam ter os conhecimentos matemáticos anteriormente esperados. A possibilidade de utilizar um computador para apoiar o ensino e a investigação era uma novidade na altura. A linguagem era baseada no FORTRAN II, com algumas influências do ALGOL 60 e com adições para a tornar adequada ao timesharing. Inicialmente, o BASIC concentrou-se no apoio ao trabalho matemático simples, com suporte de aritmética matricial desde a sua implementação inicial como linguagem batch, e a funcionalidade de cadeia de caracteres foi acrescentada em 1965. Desejando que a utilização da linguagem se generalizasse, os seus criadores disponibilizaram o compilador gratuitamente. (Na década de 1960, o software passou a ser um bem de consumo cobrável; até então, era fornecido gratuitamente como um serviço com os computadores muito caros, normalmente disponíveis apenas para aluguer). Também o disponibilizaram às escolas secundárias da zona de Hanover e fizeram um esforço considerável para promover a língua. Nos anos seguintes, com o aparecimento de outros dialectos do BASIC, o dialeto BASIC original de Kemeny e Kurtz ficou conhecido como *Dartmouth BASIC*.

1.3 VISUAL BÁSICO

A sorte do BASIC inverteu-se mais uma vez com a introdução em 1991 do Visual Basic ("VB") pela Microsoft. Este foi um desenvolvimento evolutivo do QuickBasic e incluiu construções de outras linguagens, tais como declarações de controlo estruturadas em blocos, incluindo "With" e "For Each", sub-rotinas parametrizadas, tipagem estática opcional e uma linguagem totalmente orientada para objectos. Mas a linguagem manteve ligações consideráveis ao seu passado, como a instrução Dim para declarações, instruções "Gosub"/Return e até números de linha que ainda eram necessários para comunicar corretamente os erros. Um fator importante para o desenvolvimento do Visual Basic foi o facto de ser a nova linguagem de macro para o Microsoft Excel, um programa de folha de cálculo. Ironicamente, dada a origem do BASIC como uma linguagem para "principiantes", e aparentemente até para surpresa de muitos na Microsoft, que ainda a comercializavam inicialmente como uma linguagem para amadores, a linguagem começou a ser utilizada de forma generalizada para pequenas aplicações empresariais personalizadas pouco depois do lançamento da versão 3.0 do VB, que é amplamente considerada a primeira versão relativamente estável. Embora muitos programadores avançados continuassem a ridicularizar a sua utilização, o VB satisfazia eficazmente as necessidades das pequenas empresas, onde a velocidade de processamento era menos importante do que a facilidade de desenvolvimento. Nessa altura, os computadores com Windows 3.1 tinham-se tornado suficientemente rápidos para que muitos processos relacionados com negócios pudessem ser concluídos "num piscar de olhos", mesmo utilizando uma linguagem "lenta", desde que não estivessem envolvidas grandes quantidades de dados. Muitos proprietários de pequenas empresas descobriram que podiam criar as suas próprias aplicações pequenas, mas úteis, em poucas noites, para satisfazer as suas necessidades especializadas. Eventualmente, durante o longo período de vida do VB3, o conhecimento do Visual Basic tornou-se uma competência profissional comercializável. A Microsoft também produziu o VBScript em 1996 e o Visual Basic .NET em 2001. Este último tem essencialmente o mesmo poder que o C# e o Java, mas com uma sintaxe que reflecte a linguagem Basic original.

CAPÍTULO 2 FORTRAN

O **Fortran** (anteriormente **FORTRAN**, derivado de "Formula Translation") é uma linguagem de codificação imperativa de comunicação de uso geral, especialmente adequada à computação numérica e à computação científica. Originalmente desenvolvido pela IBM na década de 1950 para aplicações científicas e de engenharia, o Fortran passou a dominar esta área de comunicação através da codificação desde cedo e tem sido utilizado continuamente há mais de meio século em áreas de computação intensiva, como a previsão numérica do tempo, a análise de elementos finitos, a dinâmica de fluidos computacional, a física computacional, a cristalografia e a química computacional. É uma linguagem popular para a computação de alto desempenho e é utilizada em programas que avaliam e classificam os supercomputadores mais rápidos do mundo.

2.1 HISTÓRIA

No final de 1953, John W. Backus apresentou uma proposta aos seus superiores na IBM para desenvolver uma alternativa mais prática à linguagem assembly para comunicação através da codificação do computador mainframe IBM 704. A histórica equipa FORTRAN de Backus era constituída pelos programadores Richard Goldberg, Sheldon F. Best, Harlan Herrick, Peter Sheridan, Roy Nutt, Robert Nelson, Irving Ziller, Lois Haibt e David Sayre. Os seus conceitos incluíam a introdução mais fácil de equações num computador, uma ideia desenvolvida por J. Halcombe Laning e demonstrada no sistema Laning e Zierler de 1952. Um projeto de especificação para o *sistema de tradução de fórmulas matemáticas da IBM* foi concluído em meados de 1954. O primeiro manual do FORTRAN foi publicado em outubro de 1956, tendo o primeiro compilador FORTRAN sido entregue em abril de 1957. Este foi o primeiro compilador de otimização, porque os clientes estavam relutantes em utilizar uma linguagem de comunicação de alto nível através da codificação, a menos que o seu compilador pudesse gerar código com um desempenho comparável ao da linguagem de montagem codificada manualmente. Apesar de a comunidade ter dúvidas quanto à possibilidade de este novo método superar a codificação manual, reduziu o número de instruções de comunicação através de codificação necessárias para operar uma máquina por um fator de 20 e rapidamente ganhou aceitação. John Backus disse numa entrevista de 1979 à *Think*, a revista dos empregados da IBM: "Grande parte do meu trabalho resultou de ser preguiçoso. Não gostava de escrever programas e, por isso, quando estava a trabalhar no IBM 701, a escrever programas para calcular trajectórias de mísseis, comecei a trabalhar numa comunicação através de um sistema de codificação para facilitar a escrita de programas." A linguagem foi amplamente adoptada pelos cientistas para escrever programas numericamente intensivos, o que incentivou os autores de compiladores a produzir compiladores que pudessem gerar código mais rápido e mais eficiente. A inclusão de um tipo de dados de números complexos na linguagem tornou o Fortran especialmente adequado para aplicações técnicas como a engenharia eléctrica. Em 1960, estavam disponíveis versões do FORTRAN para os IBM 709,   650, 1620 e 7090

computadores. Significativamente, a crescente popularidade do FORTRAN levou os fabricantes de computadores concorrentes a fornecerem compiladores FORTRAN para as suas máquinas, de modo que, em 1963, existiam mais de 40 compiladores FORTRAN. Por estas razões, o FORTRAN é considerado como a primeira linguagem de codificação de comunicação amplamente utilizada, suportada por uma variedade de arquitecturas de computadores. O desenvolvimento do FORTRAN foi paralelo à evolução inicial da tecnologia de compiladores, e muitos avanços na teoria e conceção de compiladores foram especificamente motivados pela necessidade de gerar código eficiente para programas FORTRAN. A versão inicial do FORTRAN para o IBM 704 continha 32 instruções.

2.2 FORTRAN II

O *FORTRAN II* da IBM surgiu em 1958. A principal melhoria consistiu em apoiar a comunicação processual através da codificação, permitindo sub-rotinas e funções escritas pelo utilizador que devolviam valores, com parâmetros passados por referência. A instrução COMMON permitia que as sub-rotinas acedessem a variáveis comuns (ou globais). Foram introduzidos seis novos comandos: SUBROUTINE, FUNCTION, e END; CALL e RETURN; COMMON. Nos anos seguintes, o FORTRAN II também passou a suportar os tipos de dados DOUBLE PRECISION e COMPLEX. Os primeiros compiladores FORTRAN não suportavam recursão nas sub-rotinas. As primeiras arquitecturas de computadores não suportavam o conceito de pilha e, quando suportavam diretamente chamadas de sub-rotinas, a localização de retorno era frequentemente armazenada numa localização fixa adjacente ao código da sub-rotina, o que não permite que uma sub-rotina seja chamada novamente antes de uma chamada anterior da sub-rotina ter regressado. Embora não tenha sido especificado no Fortran 77, muitos compiladores do F77 suportaram a recursão como uma opção, enquanto se tornou um padrão no Fortran 90.

2.3 FORTRAN III

Um formulário de codificação FORTRAN, impresso em papel e destinado a ser utilizado por programadores para preparar programas para serem introduzidos em cartões por operadores de teclados. Atualmente obsoleto. A IBM também desenvolveu um *FORTRAN III* em 1958, que permitia, entre outras caraterísticas, a utilização de código de montagem em linha; no entanto, esta versão nunca foi lançada como produto. Tal como o FORTRAN 704 e o FORTRAN II, o FORTRAN III incluía caraterísticas dependentes da máquina que tornavam o código nele escrito impossível de transportar de máquina para máquina. As primeiras versões do FORTRAN fornecidas por outros fornecedores sofriam da mesma desvantagem.

2.4 IBM 1401 FORTRAN

O FORTRAN foi fornecido para o computador IBM 1401 por um compilador inovador de 63 fases que funcionava inteiramente na sua memória central de apenas 8000 caracteres (6 bits). O compilador podia ser executado a partir de uma cassete ou de um baralho de 2200 cartas; não utilizava qualquer armazenamento adicional em cassete ou disco. Mantinha o programa em memória e carregava sobreposições que o transformavam gradualmente, no local, em forma executável, tal como descrito por Haines e no documento IBM C24-1455. A forma executável não era inteiramente em linguagem de máquina; em vez disso, a aritmética de vírgula flutuante, a subscrição, a entrada/saída e as referências de funções eram interpretadas, antecipando em duas décadas o código Pascal P da UCSD. Mais tarde, a IBM forneceu um compilador FORTRAN IV para a série 1400 de computadores, descrito no documento IBM C24-3322.

2.5 FORTRAN IV

A partir de 1961, em resultado dos pedidos dos clientes, a IBM iniciou o desenvolvimento de um *FORTRAN IV* que eliminou as caraterísticas dependentes da máquina do FORTRAN II (como READ INPUT TAPE), acrescentando simultaneamente novas caraterísticas como um tipo de dados LOGICAL, expressões booleanas lógicas e a *instrução IF lógica* como alternativa à *instrução IF aritmética*. O FORTRAN IV acabou por ser lançado em 1962, primeiro para o computador IBM 7030 ("Stretch"), seguido de versões para o IBM 7090, IBM 7094 e, mais tarde, para o IBM 1401 em 1966. Em 1965, o FORTRAN IV devia estar em conformidade com a *norma* que estava a ser desenvolvida pelo grupo de trabalho FORTRAN X3.4.3 da American Standards Association. Nesta altura, o FORTRAN IV começou a tornar-se uma importante ferramenta educativa e foram criadas implementações como o WATFOR e o WATFIV da Universidade de Waterloo para simplificar os complexos processos de compilação e ligação dos compiladores anteriores.

2.6 FORTRAN 66

Talvez o desenvolvimento mais significativo no início da história do FORTRAN tenha sido a decisão da *American Standards Association* (agora American National Standards Institute (ANSI)) de formar um comité patrocinado pela BEMA, a Business Equipment Manufacturers Association, para desenvolver um *American Standard Fortran*. As duas normas daí resultantes, aprovadas em março de 1966, definiam duas linguagens, o *FORTRAN* (baseado no FORTRAN IV, que tinha servido como norma de facto) e *o Basic FORTRAN* (baseado no FORTRAN II, mas despojado das suas caraterísticas dependentes da máquina). A FORTRAN definida pela primeira norma, oficialmente designada por X3.9-1966, ficou conhecida por *FORTRAN 66* (embora muitos continuassem a designá-la por FORTRAN IV, a linguagem em que a norma se baseava em grande medida). A FORTRAN 66 tornou-se efetivamente a primeira versão FORTRAN normalizada da indústria.

2.7 FORTRAN 77

Programa FORTRAN-77 com saída do compilador, escrito num CDC 175 na Universidade RWTH Aachen, Alemanha, em 1987 . 4.3 BSD para o Digital Equipment Corporation (DEC) VAX, mostrando o manual do compilador FORTRAN 77 (f77). Após o lançamento da norma FORTRAN 66, os fornecedores de compiladores introduziram várias extensões ao *Standard Fortran*, o que levou o comité X3J3 da ANSI, em 1969, a começar a trabalhar na revisão da norma de 1966, sob o patrocínio da CBEMA, a Computer Business Equipment Manufacturers Association (antiga BEMA). Os projectos finais desta norma revista circularam em 1977, levando à aprovação formal da nova norma FORTRAN em abril de 1978. A nova norma, designada *FORTRAN 77* e oficialmente designada X3.9-1978, acrescentou uma série de caraterísticas significativas para colmatar muitas das deficiências da FORTRAN 66. Nesta revisão da norma, algumas caraterísticas foram removidas ou alteradas de forma a poderem invalidar programas anteriormente conformes à norma. Embora a maioria dos 24 itens da lista de conflitos (ver Apêndice A2 do X3.9-1978) tratasse de lacunas ou casos patológicos permitidos pela norma anterior, mas raramente utilizados, um pequeno número de capacidades específicas foi deliberadamente removido.

2.8 FORTRAN 90

O muito adiado sucessor do FORTRAN 77, informalmente conhecido como *Fortran 90* (e antes disso, *Fortran 8X*), foi finalmente lançado como norma ISO/IEC 1539:1991 em 1991 e como norma ANSI em 1992. Para além de alterar a ortografia oficial de FORTRAN para Fortran, esta importante revisão acrescentou muitas novas funcionalidades para refletir as alterações significativas na comunicação através da prática de codificação que tinha evoluído desde a norma de 1978.

2.9 FORTRAN 95

O Fortran 95, publicado oficialmente como ISO/IEC 1539-1:1997, foi uma revisão menor, principalmente para resolver algumas questões pendentes do padrão Fortran 90. No entanto, o Fortran 95 também adicionou uma série de extensões, nomeadamente a partir da especificação High Performance Fortran:

- FORALL e construções WHERE aninhadas para ajudar na vectorização

- Procedimentos PURE e ELEMENTAL definidos pelo utilizador

- Inicialização predefinida de componentes de tipos derivados, incluindo a inicialização de ponteiros

- Expandiu a capacidade de utilizar expressões de inicialização para objectos de dados

- Inicialização de ponteiros para NULL()

- Definiu claramente que as matrizes ALLOCATABLE são automaticamente desalocadas quando saem do âmbito.

Várias funções intrínsecas foram alargadas (por exemplo, foi adicionado um argumento dim à função intrínseca maxloc). Várias funcionalidades consideradas "obsolescentes" no Fortran 90 foram removidas do Fortran 95:

☐ Declarações DO utilizando variáveis de índice REAL e de PRECISÃO DUPLA

☐ Desvio para uma instrução END IF de fora do seu bloco

☐ Declaração de PAUSA

☐ ASSIGN e instrução GO TO atribuída, e especificadores de formato atribuídos

☐ Descritor de edição H.

Um suplemento importante para o Fortran 95 foi o relatório técnico ISO *TR-15581: Enhanced Data Type Facilities*, informalmente conhecido como *Allocatable TR*. Esta especificação definiu o uso aprimorado de matrizes ALLOCATABLE, antes da disponibilidade de compiladores Fortran 2003 totalmente compatíveis com Fortran. Tais utilizações incluem matrizes ALLOCÁVEIS como componentes de tipos derivados, em listas de argumentos fictícios de procedimentos e como valores de retorno de funções. (As matrizes ALLOCÁVEIS são preferíveis às matrizes baseadas em PONTEIROS porque as matrizes ALLOCÁVEIS são garantidas pelo Fortran 95 para serem desalocadas automaticamente quando saem do escopo, eliminando a possibilidade de vazamento de memória. Além disso, os elementos das matrizes alocáveis são contíguos e o aliasing não é um problema para a otimização das referências de matrizes, permitindo que os compiladores gerem código mais rápido do que no caso dos ponteiros). Outro suplemento importante para o Fortran 95 foi o relatório técnico ISO *TR-15580: Floating-point exception handling*, informalmente conhecido como *IEEE TR*. Esta especificação definiu o suporte para a aritmética de vírgula flutuante IEEE e o tratamento de excepções de vírgula flutuante.

2.10 FORTRAN 2003

O Fortran 2003, publicado oficialmente como ISO/IEC 1539-1:2004, é uma revisão importante que introduz muitas novas funcionalidades. Um resumo completo das novas funcionalidades do Fortran 2003 está disponível no sítio Web oficial do Grupo de Trabalho Fortran (ISO/IEC JTC1/SC22/WG5). A partir desse artigo, as principais melhorias para esta revisão incluem o seguinte :-

□ Melhorias nos tipos derivados: tipos derivados parametrizados, controlo melhorado da acessibilidade, construtores de estrutura melhorados e finalizadores

□ Comunicação orientada para objectos através de suporte de codificação: extensão e herança de tipos, polimorfismo, atribuição dinâmica de tipos e procedimentos vinculados a tipos, fornecendo suporte completo para tipos de dados abstractos

□ Melhorias na manipulação de dados: componentes alocáveis (incorporando TR 15581), parâmetros de tipo diferido, atributo VOLATILE, especificação explícita de tipo em construtores de matrizes e instruções de alocação, melhorias de ponteiros, expressões de inicialização alargadas e procedimentos intrínsecos melhorados

□ Melhorias na entrada/saída: transferência assíncrona, acesso a fluxos, operações de transferência especificadas pelo utilizador para tipos derivados, controlo do arredondamento especificado pelo utilizador durante as conversões de formato, constantes nomeadas para unidades pré-conectadas, instrução FLUSH, regularização de palavras-chave e acesso a mensagens de erro

□ Indicadores de procedimentos

□ Suporte para aritmética de vírgula flutuante IEEE e tratamento de excepções de vírgula flutuante (incorporando TR 15580)

□ Interoperabilidade com a linguagem de programação C

□ Suporte para utilização internacional: acesso a caracteres de 4 bytes ISO 10646 e escolha de decimal ou vírgula na entrada/saída formatada numérica

□ Integração melhorada com o sistema operativo anfitrião: acesso a argumentos da linha de comandos, variáveis de ambiente e mensagens de erro do processador. Um suplemento importante para o Fortran 2003 foi o relatório técnico ISO *TR-19767: Enhanced module facilities in Fortran.* Este relatório forneceu *submódulos,* que tornam os módulos Fortran mais semelhantes aos módulos Modula-2. Eles são semelhantes às subunidades filhas privadas do Ada. Isso permite que a especificação e a implementação de um módulo sejam expressas em unidades de programa separadas, o que melhora o empacotamento de grandes bibliotecas, permite a preservação de segredos comerciais ao publicar interfaces definitivas e evita cascatas de compilação.

2.11 FORTRAN 2008

A norma mais recente, ISO/IEC 1539-1:2010, informalmente conhecida como Fortran 2008, foi aprovada em setembro de 2010. Tal como no caso do Fortran 95, trata-se de uma pequena atualização, incorporando clarificações e correcções ao Fortran 2003, bem como introduzindo algumas novas capacidades. As novas capacidades incluem as seguintes :-

□ Submódulos - facilidades adicionais de estruturação para módulos; substitui a norma ISO/IEC TR 19767:2005

□ Coarray Fortran - um modelo de execução paralela

□ A construção DO CONCURRENT - iterações do ciclo for sem interdependências

□ O atributo CONTIGUOUS - para especificar restrições de disposição do armazenamento

□ A construção BLOCK - pode conter declarações de objectos com âmbito de construção

☐ Componentes alocáveis recursivos - como alternativa aos ponteiros recursivos em tipos derivados

O Projeto Final de Norma Internacional (FDIS) está disponível como documento N1830. Um suplemento importante ao Fortran 2008 é a Especificação Técnica ISO (TS) 29113 sobre a *Interoperabilidade Adicional do Fortran com C*, que foi submetida à ISO em maio de 2012 para aprovação. A especificação acrescenta suporte para aceder ao descritor de matriz a partir de C e permite ignorar o tipo e a classificação dos argumentos.

2.12 FORTRAN 2015

A próxima revisão da linguagem (Fortran 2015) destina-se a ser uma revisão menor e está planeada para ser lançada em meados de 2018. Atualmente, prevê-se que inclua uma maior interoperabilidade entre Fortran e C, funcionalidades paralelas adicionais e "a eliminação de deficiências simples e discrepâncias entre os recursos existentes".

2.13 FORTRAN E SUPERCOMPUTADORES

Embora um artigo de jornal de 1968 dos autores do BASIC já descrevesse o Fortran como "antiquado", uma vez que o Fortran tem sido utilizado há muitas décadas, existe um vasto corpo de software Fortran em uso diário em todas as comunidades científicas e de engenharia. Jay Pasachoff escreveu em 1984 que "os estudantes de física e astronomia têm simplesmente de aprender Fortran. Existe tanta coisa em Fortran que parece improvável que os cientistas mudem para Pascal, Modula-2, ou qualquer outro." Em 1993, Cecil E. Leith chamou ao Fortran a "língua materna da computação científica", acrescentando que a sua substituição por qualquer outra linguagem possível "pode continuar a ser uma esperança perdida". É a linguagem principal para algumas das tarefas de supercomputação mais intensivas, como a astronomia, a modelação do tempo e do clima, a álgebra linear numérica

(LAPACK), as bibliotecas numéricas (IMSL e NAG), a engenharia estrutural, a modelação hidrológica, a otimização, a simulação de satélites e a análise de dados, a dinâmica de fluidos computacional, a química computacional, a economia computacional e a física computacional.

CAPÍTULO 3 COBOL

O COBOL ("koubol", acrónimo de *"common business-oriented language"*) é uma linguagem de comunicação informática compilada em inglês através de uma linguagem de codificação concebida para uso empresarial. É imperativa, processual e, desde 2002, orientada para os objectos. O COBOL é utilizado principalmente em sistemas comerciais, financeiros e administrativos de empresas e governos. O COBOL continua a ser amplamente utilizado em aplicações herdadas implantadas em computadores mainframe, tais como trabalhos de processamento de lotes e transacções em grande escala. Mas devido ao declínio da sua popularidade e à reforma de programadores COBOL experientes, os programas estão a ser migrados para novas plataformas, reescritos em linguagens modernas ou substituídos por pacotes de software. Atualmente, a maior parte da comunicação através da codificação em COBOL destina-se exclusivamente a manter as aplicações existentes. O COBOL foi concebido em 1959 pela CODASYL e baseou-se em parte na comunicação anterior através do trabalho de conceção de linguagens de codificação de Grace Hopper, geralmente referida como "a (avó) mãe do COBOL". Foi criado como parte de um esforço do Departamento de Defesa dos EUA para criar uma comunicação portátil através de uma linguagem de codificação para processamento de dados. Pretendida como um paliativo, o Departamento de Defesa obrigou rapidamente os fabricantes de computadores a fornecê-la, o que resultou na sua adoção generalizada. Foi normalizada em 1968 e, desde então, foi revista quatro vezes. As expansões incluem o suporte para comunicação estruturada e orientada para objectos através de codificação. A norma atual é a *ISO/IEC 1989:2014*. O COBOL tem uma sintaxe semelhante à inglesa, que foi concebida para ser auto-documentada e altamente legível. No entanto, é prolixa e utiliza mais de 300 palavras reservadas. Em contraste com a sintaxe moderna e sucinta, como y = x;, o COBOL tem uma sintaxe mais parecida com a inglesa (neste caso, MOVE x TO y). O código COBOL está dividido em quatro divisões (identificação, ambiente, dados e procedimento) que contêm uma hierarquia rígida de secções, parágrafos e frases. Na ausência de uma biblioteca normalizada de grande dimensão, a norma especifica 43 instruções, 87 funções e apenas uma classe.

3.1 ANTECEDENTES

No final da década de 1950, os utilizadores e fabricantes de computadores começaram a preocupar-se com o aumento do custo da comunicação através da codificação. Um inquérito realizado em 1959 concluiu que, em qualquer instalação de processamento de dados, a comunicação através de codificação custava em média 800 000 dólares e que a tradução de programas para serem executados em novo hardware custaria 600 000 dólares. Numa altura em que as novas linguagens de programação proliferavam a um ritmo cada vez maior, o mesmo estudo sugeria que, se fosse utilizada uma linguagem comum orientada para os negócios, a conversão seria muito mais barata e rápida. Grace Hopper, inventora do FLOW-MATIC, um antecessor do COBOL Em abril de 1959, Mary K. Hawes convocou uma reunião de representantes do meio académico, utilizadores de computadores e fabricantes na Universidade da Pensilvânia para organizar uma reunião formal sobre linguagens comerciais comuns. Entre os representantes contavam-se Grace Hopper, inventora da linguagem de processamento de dados de tipo inglês FLOW-MATIC, Jean Sammet e Saul Gorn. O grupo pediu ao Departamento de Defesa (DoD) que patrocinasse um esforço para criar uma linguagem comercial comum. A delegação impressionou Charles A. Phillips, diretor do pessoal de investigação do sistema de dados do DoD, que considerou que eles "compreendiam perfeitamente" os problemas do DoD. O DoD operava 225 computadores, tinha mais 175 encomendados e tinha gasto mais de 200 milhões de dólares na implementação de programas para os utilizar. Os programas portáteis poupariam tempo, reduziriam custos e facilitariam a modernização.

3.2 COBOL 60

Nos dias 28 e 29 de maio de 1959 (exatamente um ano após a reunião ALGOL 58 de Zurique), realizou-se uma reunião no Pentágono para discutir a criação de uma comunicação comum através de uma linguagem de codificação para empresas. A reunião contou com a participação de 41 pessoas e foi presidida por Phillips. O Departamento de Defesa estava preocupado com a possibilidade de executar os mesmos programas de processamento de dados em diferentes computadores. O FORTRAN, a única linguagem corrente na altura, não tinha as caraterísticas necessárias para escrever tais programas. Os representantes descreveram com entusiasmo uma linguagem que podia funcionar numa grande variedade de ambientes, desde a banca e os seguros até aos serviços públicos e ao controlo de inventário. Concordaram unanimemente que mais pessoas deveriam ser capazes de programar e que a nova linguagem não deveria ser restringida pelas limitações da tecnologia atual. A maioria concordou que a linguagem deveria utilizar ao máximo o inglês, ser capaz de mudar, ser independente de máquinas e ser fácil de utilizar, mesmo à custa da potência. A reunião resultou na criação de um comité diretor e de comités de curto, médio e longo prazo. O comité de curto prazo foi incumbido, até setembro (três meses), de produzir especificações para uma língua provisória, que seria depois melhorada pelos outros comités. No entanto, a sua missão oficial consistia em identificar os pontos fortes e fracos da comunicação existente através de linguagens de codificação, não lhes sendo explicitamente atribuída a missão de criar uma nova linguagem. O prazo foi recebido com incredulidade pelo comité de curto alcance. Um membro, Betty Holberton, descreveu o prazo de três meses como um "otimismo grosseiro" e duvidou que a linguagem fosse realmente um paliativo.

3.3 COBOL-61 para COBOL-65

É pouco provável que o Cobol ainda exista até ao final da década. Foram encontradas muitas falhas lógicas no *COBOL 60*, levando Charles Katz da GE a avisar que não podia ser interpretado sem ambiguidade. Um comité de curto prazo relutante procedeu a uma limpeza total e, em março de 1963, foi comunicado que a sintaxe do COBOL era tão definível como a do ALGOL, embora subsistissem ambiguidades semânticas. Os primeiros compiladores COBOL eram primitivos e lentos. Uma avaliação efectuada pela Marinha dos EUA em 1962 revelou velocidades de compilação de 3-11 instruções por minuto. Em meados de 1964, tinham aumentado para 11-1000 instruções por minuto. Observou-se que o aumento da memória aumentaria drasticamente a velocidade e que os custos de compilação variavam muito: os custos por declaração variavam entre $0,23 e $18,91. No final de 1962, a IBM anunciou que o COBOL seria a sua principal linguagem de desenvolvimento e que o desenvolvimento do COMTRAN seria interrompido. A especificação COBOL foi revista três vezes nos cinco anos que se seguiram à sua publicação. O COBOL-60 foi substituído em 1961 pelo COBOL-61. Esta foi depois substituída pelas especificações COBOL-61 Extended em 1963, que introduziram as funcionalidades de ordenação e de elaboração de relatórios. Os recursos adicionados corrigiram as falhas identificadas pela Honeywell no final de 1959 numa carta ao comité de curto alcance. A edição COBOL de 1965 trouxe mais esclarecimentos às especificações e introduziu recursos para o tratamento de ficheiros e tabelas de armazenamento em massa. (ANS) COBOL e foi adoptada pela ISO em 1972.

3.4 COBOL-74

Em 1970, o COBOL tinha-se tornado a linguagem de comunicação por codificação mais utilizada no mundo. Independentemente do comité ANSI, o comité CODASYL Communication through coding Language Committee estava a trabalhar para melhorar a linguagem. Descreveram novas versões em 1968, 1969, 1970 e 1973, incluindo alterações como novas facilidades de comunicação entre programas, de depuração e de fusão de ficheiros, bem como funcionalidades melhoradas de tratamento de cadeias e de inclusão de bibliotecas. Embora o CODASYL fosse independente do comité ANSI, o *CODASYL Journal of Development* foi utilizado pelo ANSI para identificar as caraterísticas que eram suficientemente populares para justificar a sua implementação. O Comité da Linguagem de Comunicação através da codificação também estabeleceu contactos com a ECMA e o comité japonês da norma COBOL. O Comité da Linguagem de Comunicação por Codificação não era, no entanto, muito conhecido. O vice-presidente, William Rinehuls, queixou-se de que dois terços da comunidade COBOL não sabiam da existência do comité. Além disso, o comité era pobre e não dispunha de fundos para disponibilizar gratuitamente documentos públicos, tais como actas de reuniões e propostas de alteração. Em 1974, o ANSI publicou uma versão revista do (ANS) COBOL, contendo novas funcionalidades, tais como organizações de ficheiros, a instrução DELETE e o módulo de segmentação. As caraterísticas eliminadas incluíam a instrução NOTE, a instrução EXAMINE (que foi substituída por INSPECT) e o módulo de acesso aleatório definido pelo implementador (que foi substituído pelos novos módulos de E/S sequencial e relativo). Estas alterações perfazem um total de 44, que tornaram as instruções existentes incompatíveis com a nova norma. O redator de relatórios deveria ter sido retirado do COBOL, mas foi reintroduzido antes da publicação da norma. A ISO adoptou posteriormente a norma actualizada em 1978.

3.5 COBOL-85

Em junho de 1978, iniciou-se o trabalho de revisão do COBOL-74. A norma proposta (geralmente designada por COBOL-80) diferia significativamente da anterior, causando preocupações quanto à incompatibilidade e aos custos de conversão. Em janeiro de 1981, Joseph T. Brophy, Vice-Presidente Sénior da Travelers Insurance, ameaçou processar o comité da norma porque esta não era compatível com o COBOL-74. O Sr. Brophy descreveu as anteriores conversões da sua base de código de 40 milhões de linhas como "não produtivas" e um "desperdício total dos nossos recursos de programação". Mais tarde nesse ano, a Data Processing Management Association (DPMA) declarou que se opunha "fortemente" à nova norma, citando os custos de conversão "proibitivos" e as melhorias que eram "impostas ao utilizador". Durante o primeiro período de revisão pública, o comité recebeu 2.200 respostas, das quais 1.700 eram cartas de formulário negativas. Outras respostas eram análises pormenorizadas do efeito que o COBOL-80 teria nos seus sistemas; previa-se que os custos de conversão seriam de, pelo menos, 50 cêntimos por linha de código. Menos de uma dúzia das respostas eram a favor da norma proposta.

3.6 COBOL 2002 E COBOL ORIENTADO PARA OBJECTOS

Em 1997, o Gartner Group estimou que existia um total de 200 mil milhões de linhas de COBOL, que executavam 80% de todos os programas empresariais. No início da década de 1990, começaram os trabalhos para acrescentar a orientação para objectos na próxima revisão completa do COBOL. As caraterísticas orientadas para objectos foram retiradas do C++ e do Smalltalk. A estimativa inicial era que esta revisão estivesse concluída em 1997, e um projeto do comité ISO (CD) estava disponível em 1997. Alguns fornecedores (incluindo a Micro Focus, a Fujitsu e a IBM) introduziram a sintaxe orientada para objectos com base em projectos da revisão completa. A norma ISO final aprovada foi aprovada e publicada no final de 2002. A Fujitsu/GT Software, a Micro Focus e a RainCode introduziram compiladores COBOL orientados para objectos destinados ao .NET Framework. Havia muitas outras novas funcionalidades, muitas das quais constavam do *CODASYL COBOL Journal of Development* desde 1978 e tinham perdido a oportunidade de serem incluídas no COBOL-85.

3.7 COBOL 2014

Entre 2003 e 2009, foram elaborados três relatórios técnicos que descrevem a finalização de objectos, o processamento XML e as classes de coleção para

COBOL. O COBOL 2002 teve um suporte deficiente: nenhum compilador suportou completamente a norma. A Micro Focus concluiu que tal se devia à falta de procura de novas funcionalidades por parte dos utilizadores e à abolição do conjunto de testes do NIST, que tinha sido utilizado para testar a conformidade dos compiladores.

CAPÍTULO 4 PASCAL

O Pascal é uma linguagem de codificação imperativa e procedimental, concebida por Niklaus Wirth em 1968-69 e publicada em 1970, como uma linguagem pequena e eficiente destinada a incentivar a boa comunicação através de práticas de codificação que utilizam a comunicação estruturada através da codificação e da estruturação de dados. Em 1985, foi desenvolvido um derivado conhecido como Object Pascal, concebido para a comunicação através da codificação orientada para objectos.

4.1 HISTÓRIA

Pascal, nomeado em homenagem ao matemático e filósofo francês Blaise Pascal, foi desenvolvido por Niklaus Wirth. Antes do seu trabalho no Pascal, Wirth tinha desenvolvido o Euler e o ALGOL W e, mais tarde, desenvolveu as linguagens semelhantes ao Pascal, Modula-2 e Oberon. Inicialmente, o Pascal destinava-se em grande parte, mas não exclusivamente, a ensinar aos estudantes a comunicação estruturada através da codificação. Uma geração de estudantes utilizou o Pascal como linguagem introdutória em cursos de licenciatura. As variantes do Pascal também têm sido frequentemente utilizadas para tudo, desde projectos de investigação a jogos para PC e sistemas integrados. Existem compiladores Pascal mais recentes que são amplamente utilizados. Pascal foi a principal linguagem de alto nível utilizada para o desenvolvimento do Apple Lisa e nos primeiros anos do Macintosh. Partes do sistema operativo original do Macintosh foram traduzidas à mão para a linguagem assembly do Motorola 68000 a partir das fontes Pascal. O sistema de composição TeX de Donald E. Knuth foi escrito em WEB, o sistema original de comunicação literária através de codificação, baseado no Pascal do DEC PDP-10, enquanto aplicações como o Total Commander, o Skype e o Macromedia Captivate foram escritas em Delphi (Object Pascal). A Apollo Computer utilizou o Pascal como linguagem de codificação do sistema de comunicação para os seus sistemas operativos a partir de 1980. O Object

Pascal (Embarcadero Delphi) ainda é utilizado para desenvolver aplicações Windows, mas também tem a capacidade de compilar o mesmo código para Mac, iOS e Android. Outra versão multiplataforma chamada Free Pascal, com o IDE Lazarus, é popular entre os utilizadores de Linux, uma vez que também oferece desenvolvimento write once, compile anywhere. CodeTyphon é uma distribuição Lazarus com mais pacotes pré-instalados e compiladores cruzados.

4.2 BREVE DESCRIÇÃO

A intenção de Wirth era criar uma linguagem eficiente (tanto em termos de velocidade de compilação como de código gerado) baseada na comunicação estruturada através da codificação, um conceito recentemente popularizado que promoveu no seu livro *Algoritmos + Estruturas de Dados = Programas*. *O Pascal* tem as suas raízes na linguagem ALGOL 60, mas também introduziu conceitos e mecanismos que (para além dos escalares e arrays do ALGOL) permitiram aos programadores definir os seus próprios tipos de dados complexos (estruturados), e também facilitaram a construção de estruturas de dados dinâmicas e recursivas, tais como *listas*, *árvores* e *grafos*. Para tal, foram incluídas caraterísticas importantes como *registos*, *enumerações*, *subintervalos*, variáveis *dinamicamente* atribuídas com *ponteiros* associados e *conjuntos*. Para tornar isto possível e significativo, o Pascal tem uma tipagem forte em todos os objectos, o que significa que um tipo de dados não pode ser convertido ou interpretado como outro sem conversões *explícitas*. Mecanismos semelhantes são atualmente padrão em muitas linguagens de comunicação através da codificação. Outras linguagens que influenciaram o desenvolvimento do Pascal foram o Simula 67, e o ALGOL W do próprio Wirth. O Pascal, tal como muitas linguagens de comunicação por codificação actuais (mas ao contrário da maioria das linguagens da família C), permite definições de procedimentos aninhados a qualquer nível de profundidade, e também permite a maioria dos tipos de definições e declarações dentro de sub-rotinas (procedimentos e funções). Isto permite uma sintaxe muito simples e coerente, em que um *programa* completo é sintaticamente quase idêntico a um único *procedimento* ou *função* (exceto o título, que tem uma destas três palavras-chave).

4.3 OS PRIMEIROS COMPILADORES PASCAL

O primeiro compilador Pascal foi concebido em Zurique para a família de computadores mainframe da série CDC 6000. Niklaus Wirth relata que uma primeira tentativa de o implementar em Fortran em 1969 não foi bem sucedida devido à inadequação do Fortran para exprimir estruturas de dados complexas. A segunda tentativa foi implementada numa linguagem semelhante ao C (Scallop de Max Engeli) e depois traduzida à mão (por R. Schild) para o próprio Pascal para arranque. Estava operacional em meados de 1970. Muitos compiladores Pascal desde então têm sido similarmente auto-hospedados, isto é, o compilador é escrito em Pascal, e o compilador é geralmente capaz de recompilar a si mesmo quando novas funcionalidades são adicionadas à linguagem, ou quando o compilador deve ser portado para um novo ambiente. O compilador GNU Pascal é uma notável exceção, sendo escrito em C. A primeira portabilidade bem sucedida do compilador CDC Pascal para outro mainframe foi completada por Welsh e Quinn na Queen's University of Belfast (QUB) em 1972. O alvo era a série ICL 1900. Este compilador, por sua vez, foi o pai do compilador Pascal para o minicomputador Multum da Information Computer Systems (ICS). A porta Multum foi desenvolvida - com o objetivo de utilizar o Pascal como linguagem de codificação para a comunicação entre sistemas - por Findlay, Cupples, Cavouras e Davis, que trabalhavam no Departamento de Ciências da Computação da Universidade de Glasgow. Pensa-se que o Multum Pascal, que foi concluído no verão de 1973, poderá ter sido a primeira implementação de 16 bits.

4.4 O SISTEMA PASCAL-P

Para propagar a linguagem rapidamente, foi criado em Zurique um compilador "kit de portabilidade" que incluía um compilador que gerava código para uma máquina de pilha "virtual", *ou seja*, código que se presta a uma interpretação razoavelmente eficiente, juntamente com um interpretador para esse código - o sistema *Pascal-P*. Os compiladores do sistema P foram chamados de Pascal-P1, Pascal-P2, Pascal-P3 e Pascal-P4. O Pascal-P1 foi a primeira versão, e o Pascal-P4 foi a última a sair de Zurique. A versão denominada Pascal-P1 foi cunhada após o facto de existirem muitas fontes diferentes para o Pascal-P. O compilador foi redesenhado para aumentar a portabilidade, e lançado como Pascal-P2. Este código foi mais tarde melhorado para se tornar Pascal-P3, com um código intermediário compatível com o Pascal-P2, e Pascal-P4, que não era compatível com o Pascal-P2. O compilador/interpretador Pascal-P4 ainda pode ser executado e compilado em sistemas compatíveis com o Pascal original. No entanto, ele aceita apenas um subconjunto da linguagem Pascal. Pascal-P5, criado fora do grupo de Zurique, aceita a linguagem Pascal completa e inclui compatibilidade com ISO 7185. A UCSD Pascal foi uma ramificação da Pascal-P2, onde Kenneth Bowles a utilizou para criar o sistema interpretativo UCSD p-System. O UCSD p-System foi um dos três sistemas operativos disponíveis no lançamento do computador pessoal IBM original. O UCSD Pascal utilizava um código intermédio baseado em valores de bytes, sendo assim um dos primeiros "compiladores de código de bytes". Pascal-P1 até Pascal-P4 não era, mas sim baseado no CDC 6600 de 60 bits de comprimento de palavra. Um compilador baseado no compilador Pascal-P4, que criava binários nativos, foi lançado para o computador mainframe IBM System/370 pela Comissão Australiana de Energia Atómica; foi chamado de "AAEC Pascal Compiler" após a abreviação do nome da Comissão.

4.5 OBJECT PASCAL E TURBO PASCAL

A Apple Computer criou o seu próprio Lisa Pascal para o Lisa Workshop em 1982, e portou o compilador para o Apple Macintosh e MPW em 1985. Em 1985, Larry Tesler, em consulta com Niklaus Wirth, definiu Object Pascal e estas extensões foram incorporadas nos compiladores Lisa Pascal e Mac Pascal. Nos anos 80, Anders Hejlsberg escreveu o compilador Blue Label Pascal para o Nascom-2. Uma reimplementação deste compilador para o IBM PC foi comercializada sob os nomes Compas Pascal e PolyPascal antes de ser adquirida pela Borland e renomeada como *Turbo Pascal*. O Turbo Pascal tornou-se extremamente popular, graças a: uma estratégia de preços agressiva; ter um dos primeiros ambientes de desenvolvimento integrados de ecrã completo - e um tempo de resposta muito rápido (apenas alguns segundos para compilar, ligar e executar.) Foi escrito e altamente optimizado inteiramente em linguagem assembly, tornando-o mais pequeno e mais rápido do que grande parte da concorrência.

CAPÍTULO 5 LINGUAGEM C

O C (/'si:/, como na letra *c)* é uma linguagem de codificação imperativa de comunicação informática de uso geral, que suporta comunicação estruturada através de codificação, âmbito de variáveis lexicais e recursão, enquanto um sistema de tipos estáticos evita muitas operações não intencionais. Por conceção, C fornece construções que mapeiam eficientemente as instruções de máquina típicas e, por conseguinte, tem encontrado uma utilização duradoura em aplicações que tinham sido anteriormente codificadas em linguagem assembly, incluindo sistemas operativos, bem como vários softwares de aplicação para computadores que vão desde supercomputadores a sistemas incorporados. O C foi originalmente desenvolvido por Dennis Ritchie entre 1969 e 1973 nos Bell Labs, e utilizado para reimplementar o sistema operativo Unix. Desde então, tornou-se uma das linguagens de programação mais utilizadas de todos os tempos, com compiladores C de vários fornecedores disponíveis para a maioria das arquitecturas de computadores e sistemas operativos existentes. O C foi normalizado pelo American National Standards Institute (ANSI) desde 1989 (ver ANSI C) e, posteriormente, pela International Organization for Standardization (ISO).

5.1 DESENHO

O C é uma linguagem processual imperativa. Foi concebida para ser compilada utilizando um compilador relativamente simples, para fornecer acesso de baixo nível à memória, para fornecer construções de linguagem que mapeiam eficientemente as instruções da máquina e para exigir um apoio mínimo em tempo de execução. Por conseguinte, o C foi útil para muitas aplicações que anteriormente eram codificadas em linguagem de montagem, por exemplo, na comunicação de sistemas através da codificação . Apesar das suas capacidades de baixo nível, a linguagem foi concebida para incentivar a comunicação entre plataformas através da codificação . Um programa C compatível com as normas e escrito de forma portátil pode ser compilado para uma grande variedade de plataformas informáticas e sistemas operativos com poucas alterações ao seu código fonte. A linguagem tornou-se disponível numa vasta gama de plataformas, desde microcontroladores incorporados a supercomputadores.

5.2 VISÃO GERAL

Tal como a maioria das linguagens imperativas da tradição ALGOL, o C tem facilidades de comunicação estruturada através da codificação e permite o âmbito de variáveis lexicais e a recursão, enquanto um sistema de tipos estáticos impede muitas operações não intencionais. Em C, todo o código executável está contido em sub-rotinas, que são chamadas "funções" (embora não no sentido estrito de comunicação funcional através da codificação). Os parâmetros das funções são sempre passados por valor. A passagem por referência é simulada em C através da passagem explícita de valores de ponteiros. O texto fonte dos programas em C tem um formato livre, utilizando o ponto e vírgula como terminador de instruções e chavetas para agrupar blocos de instruções. A linguagem C também apresenta as seguintes caraterísticas:

□ Existe um número pequeno e fixo de palavras-chave, incluindo um conjunto completo de primitivas de fluxo de controlo: for, if/else, while, switch e do/while. Os nomes definidos pelo utilizador não se distinguem das palavras-chave por qualquer tipo de sinal.

□ Existe um grande número de operadores aritméticos e lógicos, tais como +, +=, ++, &, ~, etc.

□ Mais do que uma atribuição pode ser executada numa única instrução.

□ Os valores de retorno das funções podem ser ignorados quando não são necessários.

□ A tipagem é estática, mas fracamente imposta: todos os dados têm um tipo, mas podem ser efectuadas conversões implícitas. A sintaxe das declarações imita o contexto de utilização. O C não tem a palavra-chave "define"; em vez disso, uma declaração que comece com o nome de um tipo é considerada uma declaração. Não existe a palavra-chave "function"; em vez disso, uma função é indicada pelos parênteses de uma lista de argumentos.

□ São possíveis tipos definidos pelo utilizador (typedef) e compostos.

o Os tipos de dados agregados heterogéneos (struct) permitem que elementos de dados relacionados sejam acedidos e atribuídos como uma unidade.

o A indexação de matrizes é uma notação secundária, definida em termos de aritmética de ponteiros. Ao contrário dos structs, as matrizes não são objectos de primeira classe; não podem ser atribuídas ou comparadas utilizando operadores incorporados simples. Não existe a palavra-chave "array", nem na utilização nem na definição; em vez disso, os parêntesis rectos indicam arrays sintaticamente, por exemplo month.

o Os tipos enumerados são possíveis com a palavra-chave enum. Não são etiquetados e são livremente interconvertíveis com inteiros.

o As cadeias de caracteres não são um tipo de dados separado, mas são convencionalmente implementadas como conjuntos de caracteres com terminação nula.

□ O acesso de baixo nível à memória do computador é possível através da conversão de endereços de máquina em ponteiros tipados.

□ Os procedimentos (sub-rotinas que não devolvem valores) são um caso especial de função, com um tipo de retorno não tipado void.

□ As funções não podem ser definidas no âmbito lexical de outras funções.

□ Os ponteiros de funções e de dados permitem um polimorfismo *ad hoc* em tempo de execução.

□ Um pré-processador efectua a definição de macros, a inclusão de ficheiros de código fonte e a compilação condicional.

□ Existe uma forma básica de modularidade: os ficheiros podem ser compilados separadamente e ligados entre si, com controlo sobre as funções e os objectos de dados que são visíveis para outros ficheiros através de atributos estáticos e externos.

□ Funcionalidades complexas, como E/S, manipulação de cadeias de caracteres e funções matemáticas, são consistentemente delegadas a rotinas de biblioteca.

Embora o C não inclua algumas caraterísticas encontradas noutras linguagens, como a orientação para objectos ou a recolha de lixo, essas caraterísticas podem ser implementadas ou emuladas em C, muitas vezes através de bibliotecas externas.

5.3 RELAÇÕES COM OUTRAS LÍNGUAS

Muitas linguagens posteriores foram direta ou indiretamente inspiradas em C, incluindo C++, D, Go, Rust, Java, JavaScript, Limbo, LPC, C#, Objective-C, Perl, PHP, Python, Swift, Verilog (linguagem de descrição de hardware) e a shell C do Unix. Estas linguagens retiraram muitas das suas estruturas de controlo e outras caraterísticas básicas do C. A maior parte delas (sendo Python a exceção mais dramática) são também muito semelhantes sintaticamente ao C em geral, e tendem a combinar a expressão reconhecível e a sintaxe de declaração do C com sistemas de tipos subjacentes, modelos de dados e semântica que podem ser radicalmente diferentes. Desenvolvimentos iniciais. Ken Thompson (à esquerda) com Dennis Ritchie (à direita, o inventor da comunicação em C através da linguagem de codificação). A origem do C está intimamente ligada ao desenvolvimento do sistema operativo Unix, originalmente implementado em linguagem assembly num PDP-7 por Ritchie e Thompson, incorporando várias ideias de colegas. Eventualmente, decidiram portar o sistema operativo para um PDP-11. A versão original do Unix para PDP-11 foi desenvolvida em linguagem assembly.

Os criadores estavam a considerar reescrever o sistema usando a linguagem B, a versão simplificada de Thompson da BCPL. No entanto, a incapacidade de B para tirar partido de algumas das caraterísticas do PDP-11, nomeadamente a capacidade de endereçamento de bytes, levou a C. O nome C foi escolhido simplesmente por ser o seguinte a B. O desenvolvimento de C começou em 1972 no sistema Unix do PDP-11 e apareceu pela primeira vez na versão 2 do Unix. A linguagem não foi inicialmente concebida com a portabilidade em mente, mas depressa funcionou também em diferentes plataformas: um compilador para o Honeywell 6000 foi escrito no primeiro ano da história do C, enquanto uma porta para o IBM System/370 não tardou a aparecer. Também em 1972, uma grande parte do Unix foi reescrita em C.

5.4 ANSI C e ISO C

Durante o final da década de 1970 e a década de 1980, foram implementadas versões de C numa grande variedade de computadores mainframe, minicomputadores e microcomputadores, incluindo o IBM PC, à medida que a sua popularidade começou a aumentar significativamente. Em 1983, o American National Standards Institute (ANSI) formou um comité, X3J11, para estabelecer uma especificação normalizada de C. O X3J11 baseou a norma C na implementação Unix; no entanto, a parte não portátil da biblioteca C Unix foi entregue ao grupo de trabalho 1003 do IEEE para se tornar a base da norma POSIX de 1988. Em 1989, a norma C foi ratificada como ANSI X3.159-1989 "Comunicação através da linguagem de codificação C". Esta versão da linguagem é frequentemente referida como ANSI C, Standard C ou, por vezes, C89. Em 1990, a norma ANSI C (com alterações de formatação) foi adoptada pela Organização Internacional de Normalização (ISO) como ISO/IEC 9899:1990, que é por vezes designada por C90.

5.5 C99 LÍNGUA

O C99 introduziu várias novas caraterísticas, incluindo funções inline, vários novos tipos de dados (incluindo long long int e um tipo complexo para representar números complexos), arrays de comprimento variável e membros de array flexíveis, suporte melhorado para ponto flutuante IEEE 754, suporte para macros variadic (macros de aridade variável) e suporte para comentários de uma linha começando com //, como em BCPL ou C++. Muitos destes elementos já tinham sido implementados como extensões em vários compiladores C. O C99 é, na sua maior parte, retrocompatível com o C90, mas é mais rigoroso nalguns aspectos; em particular, uma declaração que não tenha um especificador de tipo deixa de ter int implicitamente assumido.

5.6 C11 LÍNGUA

Em 2007, começou a trabalhar-se noutra revisão da norma C, informalmente designada "C1X" até à sua publicação oficial em 2011-12-08. O comité de normas C adoptou diretrizes para limitar a adoção de novas funcionalidades que não tivessem sido testadas pelas implementações existentes. A norma C11 acrescenta inúmeras novas funcionalidades ao C e à biblioteca, incluindo macros genéricas de tipo, estruturas anónimas, suporte melhorado de Unicode, operações atómicas, multi-threading e funções com verificação de limites.

5.7 EMBEDDED C

Historicamente, a comunicação C incorporada através da codificação exige extensões não normalizadas da linguagem C para suportar caraterísticas exóticas como a aritmética de vírgula fixa, vários bancos de memória distintos e operações básicas de E/S. Inclui uma série de caraterísticas não disponíveis no C normal.

CAPÍTULO 6 LINGUAGEM C++

O C++ (pronuncia-se *cee plus plus,* /'si: p | Λ S P | Λ S/) é uma linguagem de codificação de comunicação de uso geral. Possui comunicação imperativa, orientada a objetos e genérica através de recursos de codificação, além de fornecer recursos para manipulação de memória de baixo nível. Foi concebida com uma tendência para a comunicação entre sistemas através da codificação e sistemas incorporados, com recursos limitados e de grandes dimensões, destacando-se o desempenho, a eficiência e a flexibilidade de utilização. O C++ também se revelou útil em muitos outros contextos, sendo os seus principais pontos fortes a infraestrutura de software e as aplicações com recursos limitados, incluindo aplicações de ambiente de trabalho, servidores (por exemplo, comércio eletrónico, pesquisa na Web ou servidores SQL) e aplicações de desempenho crítico (por exemplo, comutadores telefónicos ou sondas espaciais). O C++ é uma linguagem compilada, com implementações disponíveis em muitas plataformas e fornecidas por várias organizações, incluindo a Free Software Foundation (GCC da FSF), LLVM, Microsoft, Intel e IBM. O C++ é normalizado pela Organização Internacional de Normalização (ISO), com a última versão da norma ratificada e publicada pela ISO em dezembro de 2014 como *ISO/IEC* 14882:2014 (informalmente conhecida como C++14). A comunicação C++ através da linguagem de codificação foi inicialmente normalizada em 1998 como *ISO/IEC 14882:1998*, que foi depois alterada pela norma C++03, *ISO/IEC 14882:2003*. A atual norma C++14 substitui estas e a C++11, com novas funcionalidades e uma biblioteca normalizada alargada. Antes da normalização inicial em 1998, o C++ foi desenvolvido por Bjarne Stroustrup nos Bell Labs desde 1979, como uma extensão da linguagem C, uma vez que pretendia uma linguagem eficiente e flexível semelhante à linguagem C, que também fornecesse funcionalidades de alto nível para a organização de programas.

6.1 HISTÓRIA

Em 1979, Bjarne Stroustrup, um cientista informático dinamarquês, começou a trabalhar em "C with Classes", o antecessor do C++. A motivação para criar uma nova linguagem teve origem na experiência de Stroustrup em comunicação através da codificação para a sua tese de doutoramento. Stroustrup descobriu que o Simula tinha caraterísticas que eram muito úteis para o desenvolvimento de software de grande dimensão, mas a linguagem era demasiado lenta para uma utilização prática, enquanto a BCPL era rápida mas de nível demasiado baixo para ser adequada ao desenvolvimento de software de grande dimensão. Quando Stroustrup começou a trabalhar na AT&T Bell Labs, teve o problema de analisar o kernel do UNIX no que respeita à computação distribuída. Recordando a sua experiência de doutoramento, Stroustrup propôs-se melhorar a linguagem C com caraterísticas semelhantes às do Simula. C foi escolhida por ser de uso geral, rápida, portátil e amplamente utilizada. Para além das influências de C e Simula, outras linguagens também influenciaram o C++, incluindo ALGOL 68, Ada, CLU e ML. Inicialmente, o "C with Classes" de Stroustrup acrescentou funcionalidades ao compilador C, Cpre, incluindo classes, classes derivadas, tipagem forte, inlining e argumentos por defeito. Em 1983, o "C with Classes" foi renomeado para "C++" ("++" é o operador de incremento em C), acrescentando novas funcionalidades que incluíam funções virtuais, sobrecarga de nomes de funções e operadores, referências, constantes, alocação de memória free-store (new/delete) segura para o tipo, verificação de tipos melhorada e comentários de uma linha ao estilo BCPL com duas barras oblíquas (//). Além disso, incluiu o desenvolvimento de um compilador autónomo para C++, o Cfront. Em 1985, foi lançada a primeira edição de *The C++ Communication through coding Language*. A primeira implementação comercial do C++ foi lançada em outubro do mesmo ano. Em 1989, foi lançado o C++ 2.0, seguido da segunda edição actualizada de *The C++ Communication through coding Language* em 1991. As novas funcionalidades da versão 2.0 incluíam herança múltipla, classes abstractas, funções de membro estáticas, funções de membro constantes e membros protegidos. Em 1990, foi publicado o *The Annotated C++ Reference Manual*. Este trabalho tornou-se a base para a futura norma. As adições de funcionalidades posteriores incluíram modelos, excepções, espaços de nomes, novos casts e um tipo booleano. Após a atualização 2.0, o C++ evoluiu de forma relativamente lenta até que, em 2011, foi lançada a norma C++11, que adicionou inúmeras novas funcionalidades, alargou ainda mais a biblioteca padrão e proporcionou mais facilidades aos programadores C++. Após uma pequena atualização da norma C++14, lançada em dezembro de 2014, estão previstas várias novas adições para 2017 e 2020.

6.2 ETMOLOGIA

De acordo com Stroustrup: "o nome significa a natureza evolutiva das mudanças em relação ao C". Este nome é creditado a Rick Mascitti (meados de 1983)

e foi utilizado pela primeira vez em dezembro de 1983. Quando Mascitti foi questionado informalmente em 1992 sobre o nome, indicou que este tinha sido dado num espírito irónico. O nome deriva do operador "++" do C (que aumenta o valor de uma variável) e de uma convenção comum de utilização de "+" para indicar um programa de computador melhorado. Durante o período de desenvolvimento do C++, a linguagem tinha sido referida como "novo C" e "C com Classes" antes de adquirir o seu nome final.

6.3 FILOSOFIA

Ao longo da vida do C++, o seu desenvolvimento e evolução têm sido informalmente regidos por um conjunto de regras que a sua evolução deve seguir:

□ Deve ser orientada por problemas reais e as suas caraterísticas devem ser imediatamente úteis em programas do mundo real.

□ Todas as caraterísticas devem ser implementáveis (com uma forma razoavelmente óbvia de o fazer).

□ Os programadores devem ser livres de escolher a sua própria comunicação através do estilo de codificação, e esse estilo deve ser totalmente suportado pelo C++.

□ Permitir uma caraterística útil é mais importante do que impedir todas as utilizações incorrectas possíveis do C++.

□ Deverá permitir a organização dos programas em partes distintas bem definidas e a combinação de partes desenvolvidas separadamente.

□ Não há violações implícitas do sistema de tipos (mas permite violações explícitas, ou seja, aquelas explicitamente solicitadas pelo programador).

□ Os tipos criados pelo utilizador têm de ter o mesmo suporte e desempenho que os tipos incorporados.

□ As caraterísticas não utilizadas não devem ter um impacto negativo nos executáveis criados (por exemplo, num desempenho inferior).

□ Não deve haver nenhuma linguagem abaixo do C++ (exceto a linguagem de montagem).

□ O C++ deve trabalhar em conjunto com outras linguagens de comunicação através da codificação existentes, em vez de promover a sua própria comunicação separada e incompatível através de um ambiente de codificação.

□ Se a intenção do programador for desconhecida, permitir que o programador a especifique através do controlo manual.

6.4 NORMALIZAÇÃO

O C++ é normalizado por um grupo de trabalho da ISO conhecido como JTC1/SC22/WG21. Até à data, publicou quatro revisões da norma C++ e está atualmente a trabalhar na próxima revisão, C++17. Em 1998, o grupo de trabalho ISO normalizou o C++ pela primeira vez com a *norma ISO/IEC*

14882:1998, informalmente conhecida como *C++98*. Em 2003, publicou uma nova versão da norma C++ denominada *ISO/IEC/14882:2003*, que corrigia os problemas identificados no C++98. A próxima grande revisão da norma foi informalmente designada por "C++0x", mas só foi lançada em 2011. O C++11 (14882:2011) incluiu muitas adições à linguagem principal e à biblioteca padrão. Em 2014, o C++14 (também conhecido como C++1y) foi lançado como uma pequena extensão do C++11, apresentando principalmente correcções de erros e pequenas melhorias. Os procedimentos de votação do projeto de norma internacional foram concluídos em meados de agosto de 2014. Após o C++14, está planeada para 2017 uma grande revisão, informalmente conhecida como C++17 ou C++1z, que está quase completa em termos de funcionalidades. Como parte do processo de normalização, a ISO também publica relatórios e especificações técnicas:

☐ ISO/IEC TR 18015:2006 sobre a utilização de C++ em sistemas incorporados e sobre as implicações de desempenho das caraterísticas da linguagem e da biblioteca C++,

☐ ISO/IEC TR 19768:2007 (também conhecido como Relatório Técnico C++ 1) sobre extensões de biblioteca maioritariamente integradas no C++11,

☐ ISO/IEC TR 29124:2010 sobre funções matemáticas especiais,

☐ ISO/IEC TR 24733:2011 sobre aritmética de vírgula flutuante decimal,

☐ ISO/IEC TS 18822:2015 sobre a biblioteca padrão do sistema de ficheiros,

☐ ISO/IEC TS 19570:2015 sobre versões paralelas dos algoritmos da biblioteca padrão,

☐ ISO/IEC TS 19841:2015 sobre memória transacional de software,

☐ ISO/IEC TS 19568:2015 sobre um novo conjunto de extensões de biblioteca, algumas das quais já estão integradas no C++17,

☐ ISO/IEC TS 19217:2015 sobre os conceitos C++

CAPÍTULO 7 JAVA

Java é uma linguagem de programação de computadores de uso geral que é concorrente, baseada em classes, orientada para objectos e especificamente concebida para ter o mínimo possível de dependências de implementação. Destina-se a permitir que os programadores de aplicações "escrevam uma vez, executem em qualquer lugar" (WORA), o que significa que o código Java compilado pode ser executado em todas as plataformas que suportam Java sem necessidade de recompilação. As aplicações Java são normalmente compiladas para bytecode que pode ser executado em qualquer máquina virtual Java (JVM), independentemente da arquitetura do computador. A partir de 2016, Java é uma das linguagens de programação mais populares em uso, particularmente para aplicações web cliente-servidor, com um número reportado de 9 milhões de programadores. Java foi originalmente desenvolvida por James Gosling na Sun Microsystems (que entretanto foi adquirida pela Oracle Corporation) e lançada em 1995 como componente central da plataforma Java da Sun Microsystems. A linguagem deriva grande parte da sua sintaxe do C e do C++, mas tem menos recursos de baixo nível do que qualquer um deles. Os compiladores Java originais e de implementação de referência, as máquinas virtuais e as bibliotecas de classes foram originalmente lançados pela Sun ao abrigo de licenças proprietárias. A partir de maio de 2007, em conformidade com as especificações do Java Community Process, a Sun relicenciou a maioria das suas tecnologias Java ao abrigo da GNU General Public License. Outros também desenvolveram implementações alternativas dessas tecnologias da Sun, como o GNU Compiler for Java (compilador de bytecode), GNU Classpath (bibliotecas padrão) e IcedTea-Web (plugin de navegador para applets).

7.1 HISTÓRIA

James Gosling, Mike Sheridan e Patrick Naughton iniciaram o projeto da linguagem Java em junho de 1991. Java foi originalmente concebida para a televisão interactiva, mas era demasiado avançada para a indústria da televisão digital por cabo na altura. A linguagem foi inicialmente designada por *Oak*, em homenagem a um carvalho que se encontrava à porta do escritório de Gosling. Mais tarde, o projeto passou a chamar-se *Green* e foi finalmente rebaptizado *Java*, do Java coffee. Gosling concebeu Java com uma sintaxe de estilo C/C++ que os programadores de sistemas e aplicações considerariam familiar. A Sun Microsystems lançou a primeira implementação pública como Java 1.0 em 1995. Prometia "Write Once, Run Anywhere" (WORA), fornecendo tempos de execução gratuitos em plataformas populares. Bastante segura e com segurança configurável, permitia restrições de acesso à rede e aos ficheiros. Os principais navegadores Web incorporaram rapidamente a capacidade de executar *applets Java* em páginas Web e o Java tornou-se rapidamente popular, embora principalmente fora dos navegadores, o que não era o plano original. Em janeiro de 2016, a Oracle anunciou que os ambientes de tempo de execução do Java baseados no JDK 9 iriam descontinuar o plug-in do navegador. O compilador Java 1.0 foi reescrito em Java por Arthur van Hoff para cumprir rigorosamente a especificação da linguagem Java 1.0. Com o advento de *Java 2* (lançado inicialmente como J2SE 1.2 em dezembro de 1998 - 1999), as novas versões tinham múltiplas configurações construídas para diferentes tipos de plataformas. *O J2EE* incluía tecnologias e APIs para aplicações empresariais normalmente executadas em ambientes de servidor, enquanto *o J2ME* apresentava APIs optimizadas para aplicações móveis. A versão para ambiente de trabalho passou a designar-se *J2SE*. Em 2006, para fins de marketing, a Sun renomeou as novas versões *J2* como *Java EE*, *Java ME* e *Java SE*, *respetivamente.* Em 1997, a Sun Microsystems contactou o organismo de normalização ISO/IEC JTC 1 e, mais tarde, o Ecma International para formalizar Java, mas rapidamente se retirou do processo. Java continua a ser uma norma *de facto*, controlada através do Java Community Process. Em tempos, a Sun disponibilizou gratuitamente a maior parte das suas aplicações Java, apesar do seu estatuto de software proprietário. A Sun gerou receitas com Java através da venda de licenças para produtos especializados, como o Java Enterprise System. Em 13 de novembro de 2006, a Sun lançou grande parte da sua máquina virtual Java (JVM) como software livre e de código aberto (FOSS), ao abrigo dos termos da GNU General Public License (GPL). Em 8 de maio de 2007, a Sun concluiu o processo, disponibilizando todo o código principal da sua JVM sob os termos de distribuição de software livre/open-source, à exceção de uma pequena parte do código sobre o qual a Sun não detinha os direitos de autor.

7.2 PLATAFORMA JAVA

Um dos objectivos da conceção de Java é a portabilidade, o que significa que os programas escritos para a plataforma Java devem ser executados de forma semelhante em qualquer combinação de hardware e sistema operativo com suporte de tempo de execução adequado. Isto é conseguido através da compilação do código da linguagem Java para uma representação intermédia denominada bytecode Java, em vez de diretamente para código de máquina específico da arquitetura. As instruções do bytecode Java são análogas ao código de máquina, mas destinam-se a ser executadas por uma máquina virtual (VM) escrita especificamente para o hardware do anfitrião. Os utilizadores finais utilizam normalmente um Java Runtime Environment (JRE) instalado na sua própria máquina para aplicações Java autónomas, ou num navegador Web para applets Java. As bibliotecas padrão fornecem uma forma genérica de aceder a funcionalidades específicas do anfitrião, como gráficos, encadeamento e ligação em rede. A utilização de bytecode universal torna a portabilidade simples. No entanto, a sobrecarga de interpretação do bytecode em instruções de máquina faz com que os programas interpretados sejam quase sempre executados mais lentamente do que os executáveis nativos. No entanto, os compiladores just-in-time (JIT) que compilam bytecodes para código de máquina durante o tempo de execução foram introduzidos numa fase inicial. O próprio Java é independente da plataforma e é adaptado à plataforma específica em que vai ser executado por uma máquina virtual Java, que traduz o bytecode Java para a linguagem de máquina da plataforma.

7.3 IMPLEMENTAÇÕES

A Oracle Corporation é a atual proprietária da implementação oficial da plataforma Java SE, após a aquisição da Sun Microsystems em 27 de janeiro de 2010. Esta implementação é baseada na implementação original de Java pela Sun. A implementação da Oracle está disponível para Microsoft Windows (ainda funciona para XP, embora apenas as versões mais recentes sejam atualmente suportadas oficialmente), Mac OS X, Linux e Solaris. Uma vez que Java não possui qualquer normalização formal reconhecida pela Ecma International, ISO/IEC, ANSI ou outra organização de normalização de terceiros, a implementação Oracle é a norma de facto. A implementação da Oracle é apresentada em duas distribuições diferentes: O Java Runtime Environment (JRE), que contém as partes da plataforma Java SE necessárias para executar programas Java e se destina a utilizadores finais, e o Java Development Kit (JDK), que se destina a programadores de software e inclui ferramentas de desenvolvimento, como o compilador Java, o Javadoc, o Jar e um depurador. O OpenJDK é outra implementação notável do Java SE que está licenciada sob a GNU GPL. A implementação começou quando a Sun começou a lançar o código-fonte Java sob a GPL. A partir do Java SE 7, o OpenJDK é a implementação de referência oficial do Java. O objetivo de Java é tornar todas as implementações de Java compatíveis. Historicamente, a licença de marca registada da Sun para a utilização da marca Java insiste em que todas as implementações sejam "compatíveis". Isto resultou numa disputa legal com a Microsoft, depois de a Sun ter alegado que a implementação da Microsoft não suportava RMI ou JNI e que tinha acrescentado caraterísticas próprias específicas da plataforma. A Sun intentou uma ação judicial em 1997 e, em 2001, obteve um acordo de 20 milhões de dólares, bem como uma ordem judicial que impunha os termos da licença da Sun. Como resultado, a Microsoft deixou de fornecer Java com o Windows.

7.4 DESEMPENHO

Os programas escritos em Java têm a reputação de serem mais lentos e necessitarem de mais memória do que os programas escritos em C++. No entanto, a velocidade de execução dos programas Java melhorou significativamente com a introdução da compilação just-in-time em 1997/1998 para Java 1.1, a adição de caraterísticas de linguagem que suportam uma melhor análise de código (como classes internas, a classe StringBuilder, asserções opcionais, etc.) e optimizações na máquina virtual Java, como o HotSpot que se tornou a predefinição para a JVM da Sun em 2000. Com o Java 1.5, o desempenho foi melhorado com a adição do pacote java.util.concurrent, incluindo implementações sem bloqueio dos ConcurrentMaps e outras colecções multi-core, e foi ainda melhorado no Java 1.6. Algumas plataformas oferecem suporte direto de hardware para Java; existem microcontroladores que podem executar Java em hardware em vez de uma máquina virtual Java de software, e os processadores baseados em ARM podem ter suporte de hardware para execução de bytecode Java através da sua opção Jazelle (embora o seu suporte seja maioritariamente abandonado nas actuais implementações do ARM).

7.5 GESTÃO AUTOMÁTICA DA MEMÓRIA

Java utiliza um coletor de lixo automático para gerir a memória no ciclo de vida do objeto. O programador determina quando os objectos são criados e o tempo de execução de Java é responsável pela recuperação da memória quando os objectos já não estão a ser utilizados. Quando não restarem referências a um objeto, a memória inacessível torna-se elegível para ser libertada automaticamente pelo coletor de lixo. Algo semelhante a uma fuga de memória pode ainda ocorrer se o código de um programador mantiver uma referência a um objeto que já não é necessário, normalmente quando os objectos que já não são necessários são armazenados em contentores que ainda estão a ser utilizados. Se forem chamados métodos para um objeto inexistente, é lançada uma "exceção de ponteiro nulo". Uma das ideias subjacentes ao modelo de gestão automática de memória de Java é que os programadores podem ser poupados ao fardo de terem de efetuar a gestão manual da memória. Em algumas linguagens, a memória para a criação de objectos é implicitamente alocada na pilha, ou explicitamente alocada e desalocada do heap. Neste último caso, a responsabilidade de gerir a memória é do programador. Se o programa não desalocar um objeto, ocorre uma fuga de memória. Se o programa tentar aceder ou desalocar memória que já foi desalocada, o resultado é indefinido e difícil de prever, sendo provável que o programa se torne instável e/ou falhe.

7.6 SINTAXE

A sintaxe de Java é largamente influenciada por C++. Ao contrário do C++, que combina a sintaxe da comunicação estruturada, genérica e orientada para os objectos através da codificação, Java foi construída quase exclusivamente como uma linguagem orientada para os objectos. Todo o código é escrito dentro de classes e cada item de dados é um objeto, com exceção dos tipos de dados primitivos, *ou seja,* números inteiros, números de vírgula flutuante, valores booleanos e caracteres, que não são objectos por razões de desempenho. Java reutiliza alguns aspectos populares do C++ (como o método printf()). Ao contrário do C++, Java não suporta a sobrecarga de operadores nem a herança múltipla para as *classes*, embora a herança múltipla seja suportada para as interfaces. Este facto simplifica a linguagem e ajuda a evitar potenciais erros e a conceção de antipadrões. Java utiliza comentários semelhantes aos do C++. Existem três estilos diferentes de comentários: um estilo de linha única marcado com duas barras (//), um estilo de linha múltipla aberto com /* e fechado com */, e o estilo de comentário Javadoc aberto com /** e fechado com */. O estilo de comentário Javadoc

permite ao utilizador executar o executável Javadoc para criar documentação
para o programa.

51

CAPÍTULO 8 MySQL

MySQL (oficialmente pronunciado como /mai ˌɛskjuˈɛl/ "My S-Q-L",) é um sistema de gestão de base de dados relacional (RDBMS) de código aberto. O seu nome é uma combinação de "My", o nome da filha do cofundador Michael Widenius, e "SQL", a abreviatura de Structured Query Language (Linguagem de Consulta Estruturada). O projeto de desenvolvimento do MySQL disponibilizou o seu código fonte sob os termos da GNU General Public License, bem como sob uma variedade de acordos de propriedade. O MySQL era propriedade e patrocinado por uma única empresa com fins lucrativos, a empresa sueca MySQL AB, atualmente propriedade da Oracle Corporation. Para uso proprietário, várias edições pagas estão disponíveis, e oferecem funcionalidades adicionais. O MySQL é um componente central da pilha de software de aplicação web de código aberto LAMP (e outras pilhas "AMP"). LAMP é um acrónimo para "Linux, Apache, MySQL, Perl/PHP/Python". As aplicações que utilizam a base de dados MySQL incluem: TYPO3, MODx, Joomla, WordPress, phpBB, MyBB e Drupal. O MySQL também é utilizado em muitos sítios Web de grande dimensão e de elevado perfil, incluindo o Google (embora não para pesquisas), o Facebook, o Twitter, o Flickr e o YouTube.

8.1 VISÃO GERAL

O MySQL é escrito em C e C++. O seu analisador SQL está escrito em yacc, mas utiliza um analisador léxico de fabrico caseiro. O MySQL funciona em muitas plataformas de sistemas, incluindo AIX, BSDi, FreeBSD, HP- UX, eComStation, i5/OS, IRIX, Linux, macOS, Microsoft Windows, NetBSD, Novell NetWare, OpenBSD, OpenSolaris, OS/2 Warp, QNX, Oracle Solaris, Symbian, SunOS, SCO OpenServer, SCO UnixWare, Sanos e Tru64. Existe também um porte do MySQL para o OpenVMS. O software do servidor MySQL em si e as bibliotecas de clientes usam uma distribuição de dupla licença. Eles são oferecidos sob a GPL versão 2, começando em 28 de junho de 2000 (que em 2009 foi estendida com uma Exceção de Licença FLOSS) ou para usar uma licença proprietária. O suporte pode ser obtido no manual oficial. Suporte gratuito adicionalmente está disponível em diferentes canais de IRC e fóruns. A Oracle oferece suporte pago através dos seus produtos MySQL Enterprise. Estes diferem no âmbito dos serviços e no preço. Adicionalmente, existe um número de organizações terceiras que fornecem suporte e serviços, incluindo a MariaDB e a Percona. O MySQL tem recebido críticas positivas, e os revisores notaram que "tem um desempenho extremamente bom no caso médio" e que as "interfaces para programadores estão lá, e a documentação (para não mencionar o feedback no mundo real através de sítios Web e afins) é muito, muito boa". Também foi testado para ser um "servidor de base de dados sql rápido, estável e verdadeiramente multi-utilizador e multi-threaded".

8.2 HISTÓRIA

O MySQL foi criado por uma empresa sueca, a MySQL AB, fundada por David Axmark, Allan Larsson e Michael "Monty" Widenius. O desenvolvimento original do MySQL por Widenius e Axmark começou em 1994. A primeira versão do MySQL apareceu em 23 de maio de 1995. Foi inicialmente criada, para uso pessoal, a partir do mSQL baseado na linguagem de baixo nível ISAM, que os criadores consideravam demasiado lenta e inflexível. Eles criaram uma nova interface SQL, mantendo a mesma API do mSQL. Ao manter a API consistente com o sistema mSQL, muitos programadores puderam usar o MySQL em vez do antecedente mSQL (licenciado pela proprietária).

MILESTRES

Outros marcos no desenvolvimento do MySQL incluíram:

- Primeira publicação interna em 23 de maio de 1995

- Versão 3.19: Final de 1996, de www.tcx.se

- Versão 3.20: janeiro de 1997

- A versão Windows foi lançada em 8 de janeiro de 1998 para Windows 95 e NT

- [ ] Versão 3.21: versão de produção de 1998, de www.mysql.com

- [ ] Versão 3.22: alfa, beta de 1998

- [ ] Versão 3.23: beta de junho de 2000, versão de produção de 22 de janeiro de 2001

- [ ] Versão 4.0: beta a partir de agosto de 2002, versão de produção em março de 2003 (sindicatos)

- [ ] Versão 4.01: beta a partir de agosto de 2003, a Jyoti adopta o MySQL como base de dados

- [ ] Versão 4.1: beta de junho de 2004, versão de produção de outubro de 2004 (árvores R e árvores B, subconsultas, declarações preparadas)

- [ ] Versão 5.0: beta de março de 2005, versão de produção de outubro de 2005 (cursores, procedimentos armazenados, triggers, vistas, transacções XA). O criador do Federated Storage Engine afirma que "o Federated Storage Engine é um motor de armazenamento   à prova de conceito",

mas as principais distribuições do MySQL versão 5.0 incluíram-no e activaram-no por omissão. A documentação de algumas das deficiências aparece em "MySQL Federated Tables: The Missing Manual".

- [ ] A Sun Microsystems adquiriu a MySQL AB em 2008.

- [ ] Versão 5.1: lançamento de produção em 27 de novembro de 2008 (agendador de eventos, particionamento, API de plugins, replicação baseada em linhas, tabelas de log do servidor) A versão 5.1 continha 20 bugs conhecidos de travamento e resultados errados além dos 35 presentes na versão 5.0 *(quase todos corrigidos a partir da versão 5.1.51)*. O MySQL 5.1 e 6.0-alpha mostraram um fraco desempenho quando usado para armazenamento de dados - em parte devido à sua incapacidade de utilizar múltiplos núcleos de CPU para processar uma única consulta.

□ A Oracle adquiriu a Sun Microsystems em 27 de janeiro de 2010.

□ No dia em que a Oracle anunciou a compra da Sun, Michael "Monty" Widenius bifurcou o MySQL, lançando o MariaDB, e levou consigo uma grande parte dos programadores do MySQL.

□ O MySQL Server 5.5 foi disponibilizado de forma geral (a partir de dezembro de 2010). As melhorias e recursos incluem:

o O motor de armazenamento predefinido é o InnoDB, que suporta transacções e restrições de integridade referencial.

o Subsistema de E/S do InnoDB melhorado o Suporte SMP melhorado

o Replicação semi-síncrona.

o Declaração SIGNAL e RESIGNAL em conformidade com a norma SQL.

o Suporte para conjuntos de caracteres Unicode suplementares utf16, utf32 e utf8mb4.

o Novas opções para particionamento definido pelo utilizador.

□ O MySQL Server 6.0.11-alpha foi anunciado em 22 de maio de 2009 como a última versão da linha 6.0. O desenvolvimento futuro do MySQL Server usa um modelo de nova versão. As funcionalidades desenvolvidas para a versão 6.0 estão a ser incorporadas em versões futuras.

□ A disponibilidade geral do MySQL 5.6 foi anunciada em fevereiro de 2013. As novas funcionalidades incluíam melhorias de desempenho no optimizador de consultas, maior rendimento transacional no InnoDB, novas APIs memcached ao estilo NoSQL, melhorias no particionamento para consulta e gestão de tabelas muito grandes, tipo de coluna TIMESTAMP que armazena corretamente milissegundos, melhorias na replicação e melhor monitorização do desempenho através da expansão dos dados disponíveis através do PERFORMANCE_SCHEMA. O mecanismo de armazenamento InnoDB também incluiu suporte para pesquisa de texto completo e melhor desempenho de confirmação de grupo.

☐ A disponibilidade geral do MySQL 5.7 foi anunciada em outubro de 2015.

☐ O MySQL Server 8.0.0-dmr (Milestone Release) foi anunciado a 12 de setembro de 2016.

8.3 LITÍGIOS JUDICIAIS E AQUISIÇÕES

Em 15 de junho de 2001, a NuSphere processou a MySQL AB, a TcX DataKonsult AB e os seus autores originais Michael ("Monty") Widenius e David Axmark no Tribunal Distrital dos EUA em Boston por "violação de contrato, interferência ilícita em contratos e relações com terceiros e concorrência desleal". Em 2002, a MySQL AB processou a Progress NuSphere por violação de direitos de autor e de marca registada no tribunal distrital dos Estados Unidos. A NuSphere tinha alegadamente violado os direitos de autor da MySQL ao ligar o código GPL da MySQL à tabela NuSphere Gemini sem estar em conformidade com a licença. Após uma audiência preliminar perante a Juíza Patti Saris em 27 de fevereiro de 2002, as partes entraram em conversações de acordo e acabaram por chegar a um acordo. Após a audiência, a FSF comentou que "a juíza Saris deixou claro que ela vê a GNU GPL como uma licença obrigatória e vinculativa". Em outubro de 2005, a Oracle Corporation adquiriu a Innobase OY, a empresa finlandesa que desenvolveu o motor de armazenamento InnoDB de terceiros que permite ao MySQL fornecer funcionalidades como transacções e chaves estrangeiras. Após a aquisição, um comunicado de imprensa da Oracle mencionou que os contratos que tornam o software da companhia disponível para o MySQL AB teriam de ser renovados (e presumivelmente renegociados) algures em 2006. Durante a Conferência de Utilizadores MySQL em abril de 2006, a MySQL emitiu um comunicado de imprensa que confirmava que a MySQL e a Innobase OY acordaram uma extensão "plurianual" do seu acordo de licenciamento. Em fevereiro de 2006, a Oracle Corporation adquiriu a Sleepycat Software, fabricante do Berkeley DB, um motor de base de dados que fornece a base para outro motor de armazenamento MySQL. Isto teve pouco efeito, uma vez que o Berkeley DB não era muito utilizado, e foi abandonado (devido à falta de utilização) no MySQL 5.1.12, uma versão pré-GA do MySQL 5.1 lançada em outubro de 2006. Em janeiro de 2008, a Sun Microsystems comprou a MySQL por mil milhões de dólares. Em abril de 2009, a Oracle Corporation entrou num acordo para comprar a Sun Microsystems, então proprietária dos direitos de autor e da marca registada MySQL. O conselho de administração da Sun aprovou o acordo por unanimidade. Foi também aprovado pelos acionistas da Sun, e pelo governo dos EUA em 20 de agosto de 2009. Em 14 de dezembro de 2009, a Oracle comprometeu-se a continuar a melhorar o MySQL como tinha feito nos quatro anos anteriores.

8.4 LIMITAÇÕES

Ao utilizar alguns motores de armazenamento que não o InnoDB por defeito, o MySQL não cumpre com o padrão SQL completo para algumas das funcionalidades implementadas, incluindo referências a chaves estrangeiras e restrições de verificação. Até ao MySQL 5.7, os triggers estão limitados a um por ação/tempo, o que significa que no máximo um trigger pode ser definido para ser executado após uma operação INSERT, e outro antes do INSERT na mesma tabela. Não podem ser definidos triggers em vistas. As funções incorporadas na base de dados MySQL, como UNIX_TIMESTAMP(), retornarão 0 após 03:14:07 UTC em 19 de janeiro de 2038.

CAPÍTULO 9 LINGUAGEM DE MARCAÇÃO DE HIPERTEXTO

(**HTML**) é a linguagem de marcação padrão para a criação de páginas Web e aplicações Web. Com as folhas de estilo em cascata (CSS) e o JavaScript, forma uma tríade de tecnologias fundamentais para a World Wide Web. Os navegadores Web recebem documentos HTML de um servidor Web ou do armazenamento local e transformam-nos em páginas Web multimédia. O HTML descreve semanticamente a estrutura de uma página Web e, originalmente, incluía sugestões para o aspeto do documento. Os elementos HTML são os blocos de construção das páginas HTML. Com as construções HTML, as imagens e outros objectos, como formulários interactivos, podem ser incorporados na página apresentada. A HTML fornece um meio de criar documentos estruturados, indicando a semântica estrutural do texto, como títulos, parágrafos, listas, ligações, citações e outros itens. Os elementos HTML são delineados por *etiquetas*, escritas entre parêntesis angulares. As etiquetas como <img /> e <input /> introduzem o conteúdo diretamente na página. Outras, como <p>...</p>, envolvem e fornecem informações sobre o texto do documento e podem incluir outras etiquetas como subelementos. Os browsers não apresentam as etiquetas HTML, mas utilizam-nas para interpretar o conteúdo da página. O HTML pode incorporar programas escritos numa linguagem de script, como o JavaScript, que afectam o comportamento e o conteúdo das páginas Web. A inclusão de CSS define o aspeto e a disposição do conteúdo. O World Wide Web Consortium (W3C), responsável pela manutenção das normas HTML e CSS, tem incentivado a utilização de CSS em vez de HTML de apresentação explícita desde 1997.

9.1 DESENVOLVIMENTO

Em 1980, o físico Tim Berners-Lee, contratado pelo CERN, propôs e criou um protótipo do ENQUIRE, um sistema para os investigadores do CERN utilizarem e partilharem documentos. Em 1989, Berners-Lee escreveu um memorando propondo um sistema de hipertexto baseado na Internet. Berners-Lee especificou o HTML e escreveu o software do navegador e do servidor no final de 1990. Nesse ano, Berners-Lee e o engenheiro de sistemas de dados do CERN, Robert Cailliau, colaboraram num pedido conjunto de financiamento, mas o projeto não foi formalmente adotado pelo CERN. Nas suas notas pessoais de 1990, enumerou "algumas das muitas áreas em que o hipertexto é utilizado" e colocou uma enciclopédia em primeiro lugar. A primeira descrição de HTML disponível publicamente foi um documento chamado "HTML Tags", mencionado pela primeira vez na Internet por Tim Berners-Lee no final de 1991. Este documento descreve 18 elementos que constituem a conceção inicial e relativamente simples do HTML. Com exceção da etiqueta de hiperligação, estes elementos foram fortemente influenciados pelo SGMLguid, um formato de documentação interno baseado na Standard Generalized Markup Language (SGML) do CERN. Onze destes elementos ainda existem no HTML 4. O HTML é uma linguagem de marcação que os navegadores Web utilizam para interpretar e compor texto, imagens e outros materiais em páginas Web visuais ou sonoras. As caraterísticas predefinidas para cada elemento de marcação HTML são definidas no navegador, e estas caraterísticas podem ser alteradas ou melhoradas pela utilização adicional de CSS pelo designer da página Web. Muitos dos elementos de texto encontram-se no relatório técnico da ISO de 1988 TR 9537 *Techniques for using SGML*, que, por sua vez, abrange as caraterísticas das primeiras linguagens de formatação de texto, como a utilizada pelo comando RUNOFF desenvolvido no início dos anos 60 para o sistema operativo CTSS (Compatible Time-Sharing System): estes comandos de formatação derivavam dos comandos utilizados pelos tipógrafos para formatar manualmente os documentos.

9.2 LINGUAGEM DE MARCAÇÃO EXTENSÍVEL (XML)

A Extensible Markup Language (XML) é uma linguagem de marcação que define um conjunto de regras para codificar documentos num formato legível tanto por humanos como por máquinas. A especificação XML 1.0 do W3C e várias outras especificações relacionadas - todas elas normas abertas e gratuitas - definem a XML. Os objectivos de conceção da XML sublinham a simplicidade, a generalidade e a facilidade de utilização na Internet. Trata-se de um formato de dados textuais com um forte apoio, através do Unicode, a diferentes línguas humanas. Embora a conceção da XML se centre nos documentos, a linguagem é amplamente utilizada para a representação de estruturas de dados arbitrárias, como as utilizadas nos serviços Web. Existem vários sistemas de esquemas para ajudar na definição de linguagens baseadas em XML, enquanto os programadores desenvolveram muitas aplicações de comunicação através de interfaces de codificação (API) para ajudar no processamento de dados XML.

9.3 APLICAÇÕES DE XML

A partir de 2009, foram desenvolvidos 100 formatos de documentos que utilizam a sintaxe XML, incluindo RSS, Atom, SOAP e XHTML. Os formatos baseados em XML tornaram-se a predefinição de muitas ferramentas de produtividade de escritório, incluindo o Microsoft Office (Office Open XML), o OpenOffice.org e o LibreOffice (OpenDocument), e o iWork da Apple. O XML também forneceu a linguagem de base para protocolos de comunicação como o XMPP. As aplicações para o Microsoft .NET Framework utilizam ficheiros XML para a configuração. A Apple tem uma implementação de um registo baseado em XML. A XML passou a ser utilizada para o intercâmbio de dados na Internet. O RFC 7303 da IETF estabelece regras para a construção de tipos de suporte Internet a utilizar no envio de XML. Define também os tipos de suporte *application/xml* e *text/xml*, que dizem apenas que os dados estão em XML e nada sobre a sua semântica. A utilização de *text/xml* foi criticada como uma fonte potencial de problemas de codificação, tendo sido sugerida a sua eliminação. O RFC 7303 também recomenda que as linguagens baseadas em

XML recebam tipos de media terminados em +*xml*; por exemplo, *image/svg+xml* para SVG. Outras diretrizes para a utilização de XML num contexto de rede constam do RFC 3470, também conhecido como IETF BCP 70, um documento que abrange muitos aspectos da conceção e implementação de uma linguagem baseada em XML.

9.4 FONTES

A XML é um perfil de uma norma ISO SGML, e a maior parte da XML provém da SGML sem alterações. Da SGML provém a separação de estruturas lógicas e físicas (elementos e entidades), a disponibilidade de validação baseada na gramática (DTD), a separação de dados e metadados (elementos e atributos), o conteúdo misto, a separação entre processamento e representação (instruções de processamento) e a sintaxe de parêntesis angulares por defeito. Foi suprimida a declaração SGML (a XML tem um conjunto fixo de delimitadores e adopta o Unicode como conjunto de caracteres do documento). Outras fontes de tecnologia para a XML foram a TEI (Text Encoding Initiative), que definiu um perfil da SGML para utilização como "sintaxe de transferência"; e a HTML, na qual os elementos eram síncronos com o seu recurso, os conjuntos de caracteres do documento eram separados da codificação do recurso, o atributo xml:lang foi inventado e (tal como o HTTP) os metadados acompanhavam o recurso em vez de serem necessários na declaração de uma ligação. O projeto ERCS (Extended Reference Concrete Syntax) do projeto SPREAD (Standardization Project Regarding East Asian Documents) do grupo de peritos em processamento de documentos China/Japão/Coreia, relacionado com a ISO, constituiu a base das regras de atribuição de nomes da XML 1.0; o SPREAD também introduziu referências de caracteres numéricos hexadecimais e o conceito de referências para disponibilizar todos os caracteres Unicode. Para melhor suportar o ERCS, o XML e o HTML, a norma SGML IS 8879 foi revista em 1996 e 1998 com adaptações WebSGML. O cabeçalho XML seguiu o da norma ISO

HyTime. As ideias que se desenvolveram durante o debate e que são novas na XML incluíam o algoritmo de deteção de codificação e o cabeçalho de codificação, o objetivo da instrução de processamento, o atributo xml:space e o novo delimitador de fecho para etiquetas de elementos vazios. A noção de boa forma (well-formedness) em oposição à validade (que permite a análise sem um esquema) foi formalizada pela primeira vez na XML, embora tenha sido implementada com êxito no software "Dynatext" da Electronic Book Technology; no software do New Oxford English Dictionary Project da Universidade de Waterloo; no processador de texto RISP LISP SGML da Uniscope, Tóquio; no sistema de hipertexto IADS do US Army Missile Command; no Mentor Graphics Context; no Interleaf e no Xerox Publishing System.

9.5 CRÍTICA

A XML e as suas extensões têm sido regularmente criticadas pela sua verbosidade e complexidade. O mapeamento do modelo básico de árvore da XML para sistemas de tipos de comunicação através de linguagens de codificação ou bases de dados pode ser difícil, especialmente quando a XML é utilizada para o intercâmbio de dados altamente estruturados entre aplicações, o que não era o seu principal objetivo de conceção. Outras críticas tentam refutar a afirmação de que a XML é uma linguagem auto-descritora (embora a própria especificação XML não faça tal afirmação). JSON, YAML e S-Expressions são frequentemente propostos como alternativas (ver Comparação de formatos de serialização de dados); que se concentram na representação de dados altamente estruturados em vez de documentos, que podem conter tanto conteúdo altamente estruturado como relativamente não estruturado.

CAPÍTULO 10 Nove das mais procuradas comunicações através de linguagens de codificação

1. SQL

Não é de admirar que o SQL (pronuncia-se "sequel") esteja no topo da lista de empregos, uma vez que pode ser encontrado em todo o lado em várias variantes. As tecnologias de bases de dados como MySQL, PostgreSQL e Microsoft SQL Server alimentam grandes empresas, pequenas empresas, hospitais, bancos e universidades. De facto, quase todos os computadores e pessoas com acesso à tecnologia acabam por tocar em algo relacionado com SQL. Por exemplo, todos os telemóveis Android e iPhones têm acesso a uma base de dados SQL chamada SQLite e muitas aplicações móveis desenvolvidas pelo Google, Skype e DropBox utilizam-na diretamente.

2. JAVA

A comunidade tecnológica celebrou recentemente o 20th aniversário de Java. É uma das linguagens de comunicação por codificação mais amplamente adoptadas, utilizada por cerca de 9 milhões de programadores e executada em 7 mil milhões de dispositivos em todo o mundo. É também a linguagem de comunicação através de código utilizada para desenvolver todas as aplicações nativas para Android. A popularidade de Java entre os programadores deve-se ao facto de a linguagem se basear na legibilidade e na simplicidade. Java tem poder de permanência, uma vez que tem compatibilidade a longo prazo, o que garante que as aplicações mais antigas continuam a funcionar no futuro. Não vai a lado nenhum tão cedo e é utilizada para alimentar sítios Web de empresas como LinkedIn.com, Netflix.com e Amazon.com.

3. JAVASCRIPT

O JavaScript - que não deve ser confundido com Java - é outra das linguagens de codificação mais populares e poderosas do mundo, sendo utilizado para apimentar as páginas Web, tornando-as interactivas. Por exemplo, o JavaScript pode ser utilizado para adicionar efeitos às páginas Web, apresentar mensagens pop-up ou criar jogos com funcionalidades básicas. Também vale a pena referir que o JavaScript é a linguagem de scripting da World Wide Web e está integrado em todos os principais navegadores Web, incluindo o Internet Explorer, o FireFox e o Safari. Quase todos os sítios Web incorporam algum elemento de JavaScript para melhorar a experiência do utilizador, o que aumenta a procura de programadores de JavaScript. Nos últimos anos, o JavaScript também ganhou uso como base do Node.js, uma tecnologia de servidor que, entre outras coisas, permite a comunicação em tempo real.

4. C#

Datada de 2000, a linguagem C# (pronuncia-se C-sharp) é uma linguagem de comunicação relativamente nova, concebida pela Microsoft para uma vasta gama de aplicações empresariais executadas no .NET Framework. Uma evolução de C e C++, a linguagem C# é simples, moderna, segura em termos de tipos e orientada para objectos.

5. C++

O C++ (pronuncia-se C-plus-plus) é uma linguagem de codificação para comunicação orientada para objectos de uso geral, baseada na anterior linguagem "C". Desenvolvido por Bjarne Stroustrup nos Bell Labs, o C++ foi lançado pela primeira vez em 1983. Stroustrup mantém uma extensa lista de aplicações escritas em C++. A lista inclui aplicações da Adobe e da Microsoft, bases de dados MongoDB, grandes partes do Mac OS/X e é a melhor linguagem para aprender para aplicações de desempenho crítico, como o desenvolvimento de jogos "twitch" ou o processamento de áudio/vídeo.

6. PÍTON

Python é uma linguagem de comunicação de uso geral através de codificação que recebeu o nome de Monty Python (por isso sabe que é divertido trabalhar com ela)! Python é simples e incrivelmente legível, uma vez que se assemelha muito à língua inglesa. É uma óptima linguagem para principiantes, até profissionais experientes. O Python ultrapassou recentemente o Java como linguagem de eleição na <u>comunicação introdutória através de cursos de programação</u>, com oito dos 10 principais departamentos de informática a utilizarem agora o Python para ensinar programação, bem como 27 das 39 principais escolas. Devido à utilização do Python no domínio da educação, existem muitas bibliotecas criadas para Python relacionadas com a matemática, a física e o processamento natural. A PBS, a NASA e o Reddit utilizam Python nos seus sítios Web.

7. PHP

Criado pelo programador dinamarquês-canadiano Rasmus Lerdorf em 1994, <u>o PHP</u> nunca teve como objetivo ser uma nova linguagem de comunicação através da codificação. Em vez disso, foi criado para ser um conjunto de ferramentas para ajudar Rasmus a manter a sua Personal Home Page (PHP). Atualmente, o PHP (Hypertext Pre-Processor) é uma linguagem de scripting, executada no servidor, que pode ser utilizada para criar páginas Web escritas em HTML. O PHP tende a ser uma linguagem popular, uma vez que é fácil de utilizar por novos programadores, mas também oferece imensas funcionalidades avançadas para programadores mais experientes.

8. RUBI SOBRE TRILHOS

Tal como a linguagem Java ou a linguagem C, <u>o Ruby</u> é uma linguagem de comunicação de uso geral através da codificação, embora seja mais conhecida pela sua utilização na comunicação web através da codificação, e o Rails serve como uma estrutura para a linguagem Ruby. [rd]O Ruby on Rails tem muitas qualidades positivas, incluindo o desenvolvimento rápido, não é necessário tanto código e existe uma grande variedade de bibliotecas disponíveis. É utilizado por empresas que vão desde pequenas start-ups a grandes empresas e tudo o que está entre elas. Hulu, Twitter, Github e Living Social estão a usar Ruby on Rails para pelo menos uma das suas aplicações web.

9. IOS/SWIFT

Em 2014, a Apple decidiu inventar a sua própria comunicação através de uma linguagem de programação. O resultado foi o Swift - uma nova linguagem de comunicação através da codificação para os programadores de iOS e OS X criarem a sua próxima aplicação de sucesso. Os programadores vão descobrir que muitas partes do Swift são familiares devido à sua experiência de desenvolvimento em C++ e Objective-C. Empresas como a American Airlines, LinkedIn e Duolingo foram rápidas a adotar o Swift, e veremos esta linguagem a crescer nos próximos anos.

Conclusões

Qualquer grande artesão tem um cinto cheio de ferramentas, cada uma delas uma escolha perfeita para determinadas situações. Da mesma forma, nunca haverá apenas uma única linguagem de comunicação através da codificação, e cada linguagem evoluirá e melhorará ao longo do tempo para acompanhar a inovação. Se alguém estiver interessado em tornar-se um programador, é importante dominar várias linguagens de comunicação através da codificação para ser versátil e adaptável - e depois continuar a aprender / dominar linguagens ao longo da carreira.

REFERÊNCIAS

[1] . "Mudanças na Versão 8.0.0 (Marco de Desenvolvimento)". Manual de Referência do MySQL 8.0. Oracle Corporation. 12 de setembro de 2016. Recuperado em 12 de dezembro de 2016.

[2] . "Primeira menção de etiquetas HTML na lista de discussão www- talk". Consórcio World Wide Web. 29 de outubro de 1991. Recuperado em 8 de abril de 2007.

[3] . "História do MySQL". Manual de Referência do MySQL 5.1. MySQL AB. Recuperado em 26 de agosto de 2011.

[4] . "Especificação HTML 4.0 - Recomendação do W3C - Conformidade: requisitos e recomendações". Consórcio da World Wide Web. 18 de dezembro de 1997. Recuperado em 6 de julho de 2015.

[5] . "Índice de elementos em HTML 4". Consórcio da World Wide Web. 24 de dezembro de 1999. Recuperado em 8 de abril de 2007.

[6] . "Introdução ao XML" (PDF). Slides do curso. Pierre Geneves. outubro de 2012.

[7] . "MySQL: Resumo do Projeto". Ohloh. Software de pato preto. Recuperado em 17 de setembro de 2012.

[8] . "Plataformas suportadas: Base de dados MySQL". Oracle. Recuperado em 24 de março de 2014.

[9] . "Etiquetas utilizadas em HTML". Consórcio da World Wide Web. 3 de novembro de 1992. Recuperado em 16 de novembro de 2008.

[10] . "W3C XML is Ten!". Consórcio da World Wide Web. 12 de fevereiro de 2008. Recuperado em 26 de outubro de 2010.

[11] . "O que é MySQL?". Manual de Referência do MySQL 5.1. Oracle. Recuperado em 17 de setembro de 2012. A forma oficial de pronunciar "MySQL" é "My Ess Que Ell" (não "my sequel")

[12] . A Manual for BASIC, Centro de Computação do Dartmouth College. 1964. Arquivado do original (PDF) em 2012-07-16.

[13] . Adams, Jeanne C.; Brainerd, Walter S.; Hendrickson, Richard A.; Maine, Richard E.; Martin, Jeanne T.; Smith, Brian T. (2009). The Fortran 2003 Handbook (1ª ed.). Springer. ISBN 978-1-84628-378-9.

[14] . Akin, Ed (2003). Comunicação orientada a objectos através da codificação em Fortran 90/95 (1ª ed.). Cambridge University Press. ISBN 0-521- 52408-3.

[15] Alexandrescu, Andrei (2001). Design moderno de C++: Comunicação genérica através de codificação e padrões de design aplicados. Addison-Wesley. ISBN 0- 201-70431-5.

[16] Alexandrescu, Andrei; Sutter, Herb (2004). Padrões de Design e Codificação C++ : Rules andGuidelines for Writing Programs. Addison-Wesley. ISBN 0-321-11358-6.

[17] Arquivado do original (ZIP de PDF) em 23 de janeiro de 2002. Recuperado em 2 de setembro de 2014.

[18] Banahan, M.; Brady, D.; Doran, M. (1991). TheC Book (2ª ed.). Addison-Wesley.

[19] Becker, Pete (2006). As extensões da biblioteca padrão C++: A Tutorial and Reference. Addison-Wesley. ISBN 0-321 41299-0.

[20] Bemer, Bob (1971). "Uma visão da história do COBOL" (PDF). Jornal de informática da Honeywell. Honeywell. **5** (3). Recuperado em 28 de junho de 2014.

[21] . Beyer, Kurt (2009). Grace Hopper and the Invention of the Information Age [Grace Hopper e a invenção da era da informação]. MIT Press. ISBN 978-0262013109. LCCN 2008044229.

[22] . Bosak, Jon; Bray, Tim (maio de 1999). "XML e a Web de segunda

geração". Scientific American. Arquivado do original em 1 de outubro de 2009.

[23] . Brokken, Frank (2010). Anotações C++. Universidade de Groningen. ISBN 90-367- 0470-7.

[24] . Brown, William R. (1 de dezembro de 1976). "COBOL". Em Belzer, Jack; Holzman, Albert G.; Kent, Allen. Enciclopédia de Ciência e Tecnologia da Computação: Volume 5. CRC Press. ISBN 978 0824722555.

[25] . C. A. R. Hoare, Niklaus Wirth: Uma Definição Axiomática da Comunicação através da Linguagem de codificação Pascal. 335-355, Ata Informatica, Volume 2, 1973.

[26] . C. A. R. Hoare: Notas sobre a estruturação de dados. Em O-J Dahl, E W Dijkstra e C A R Hoare, editores, Structured Communication through coding , páginas 83-174. Academic Press, 1972.

[27] . Callaghan, Mark (13 de abril de 2010). MySQL no Facebook. YouTube. Google. Recuperado em 3 de agosto de 2010. x.000 servidores, ... Replicação mestre-escravo, InnoDB

[28] . Carr, Donald E.; Kizior, Ronald J. (31 de dezembro de 2003). "Relevância contínua do COBOL nos negócios e na academia: Situação atual e comparação com o estudo do ano 2000" (PDF). Jornal de Educação em Sistemas de Informação. AITP. 1 (52). ISSN 1545-679X. Recuperado em 4 de agosto de 2014.

[29] . Chapman, Stephen J. (2007). Fortran 95/2003 for Scientists and Engineers (3ª ed.). McGraw-Hill. ISBN 978-0-07-319157-

[30] . Chivers, Ian; Sleightholme, Jane (2015). Introdução à comunicação através da codificação com Fortran (3ª ed.). Springer. ISBN 978-3-319-17700

[31] . Claburn, Thomas (24 de abril de 2007). "O Google lança um código MySQL aprimorado". InformationWeek. InformationWeek. Recuperado em 30 de novembro de 2008.

[32]   CODASYL (julho de 1969). "CODASYL COBOL Journal of Development 1968". National Bureau of Standards. ISSN 0591 0218. LCCN 73601243.

[33] . Cole, Jeremy (14 de abril de 2011). Grandes e pequenos dados no @Twitter. YouTube. Google. Recuperado em 20 de outubro de 2011.

[34] . Conner, Richard L. (14 de maio de 1984). "Cobol, sua idade está aparecendo". Computerworld. Grupo Internacional de Dados. **18** (20): ID/7-ID/18. ISSN 0010-4841.

[35]   Coplien, James O. (1994) [reimpresso com correcções, ano de publicação original 1992]. C++ Avançado: Comunicação através de estilos de codificação e expressões idiomáticas. ISBN 0-201-54855-0.

[36] . Cutler, Gary (9 de abril de 2014). "Guia do programador GNU COBOL" (PDF) (3ª ed.). Recuperado em 25 de fevereiro de 2014.

[37] .   D. W. Barron (Ed.): Pascal - The Language and its Implementation. John Wiley 1981, ISBN 0-471-27835-1

[38]   Ellis, T. M. R.; Phillips, Ivor R.; Lahey, Thomas M. (1994).   Fortran 90 Comunicação através da codificação (1st ed.). Addison Wesley. ISBN 0-201-54446-6.

[39] . Etter, D. M. (1990). Structured FORTRAN 77 for Engineers and Scientists (3ª ed.). The Benjamin/Cummings Publishing Company, Inc. ISBN 0-8053-0051-1.

[40]   Garfunkel, Jerome (1987). The COBOL 85 Example Book. Wiley. ISBN 0471804614.

[41]   Gosling, James; Joy, Bill; Steele, Guy L., Jr.; Bracha, Gilad (2005). A especificação da linguagem Java (3ª ed.). Addison-Wesley. ISBN 0-321-24678-0.

[42] . Gosling, James; Joy, Bill; Steele, Guy; Bracha, Gilad; Buckley, Alex

(2014). A especificação da linguagem Java® (PDF) (Java SE 8 ed.).

[43]   Conselho da Indústria das Tecnologias da Informação (15 de outubro de 2003). Comunicação através de linguagens de codificação - C++ (Segunda ed.). Genebra: ISO/IEC. 14882:2003(E).

[44] . ISO/IEC JTC 1/SC 22/WG 4 (31 de outubro de 2014). INCITS/ISO/IEC 1989:2014 [2014] - Comunicação através da linguagem de codificação COBOL. INCITS.

[45]   ISO/IEC JTC 1/SC 22/WG 4 (4 de dezembro de 2001). "ISO/IEC IS 1989:2001 - Comunicação através da linguagem de codificação COBOL". ISO.

[46] . John G. Kemeny e Thomas E. Kurtz (1968). BASIC (4ª Edição).

[47] . Josuttis, Nicolai M. (2012). The C++ Standard Library, A Tutorial and Reference (Segunda ed.). Addison-Wesley. ISBN 0 321-62321-5.

[48]   Kathleen Jensen e Niklaus Wirth: PASCAL - Manual do Utilizador e Relatório. Springer-Verlag, 1974, 1985, 1991, ISBN 0 387-97649-3 e ISBN 3-540-97649-3.

[49] . Kelly, Sean (6 de fevereiro de 2006). "Cometendo erros com XML". Developer.com. Recuperado em 26 de outubro de 2010.

[50] . Kemeny, John G.; Kurtz, Thomas E. (1985). Back To BASIC: The History, Corruption, and Future of the Language. Addison-Wesley. pp. 141 pp. ISBN 978-0-201- 13433-9.

[51] . King, K. N. (abril de 2008). C Comunicação através da codificação: uma abordagem moderna (2.ª ed.). Norton. ISBN 978-0-393-97950 3.

[52] . Klein, William M. (4 de outubro de 2010). "A história do COBOL" (PDF). Arquivado de o original (PDF) em 7 de janeiro de 2013. Recuperado em 7 de janeiro de 2014.

[53] . Kupferschmid, Michael (2002). Fortran Clássico: Comunicação através de codificação para aplicações científicas e de engenharia. Marcel Dekker

(CRC Press). ISBN 0-8247-0802-4.

[54] . Kurtz, Thomas E. (1981). "BASIC" em Richard Wexelblatt (ed.) History of communication through coding languages I. ACM. pp. 515- 537 ISBN 0-12-745040-8

[55] . Lawrence A. Cunningham (2005). "Linguagem, acordos e normas: O futuro dos contratos XML". Washington University Law Review. SSRN 900616.

[56] . Lien, David A. (1986). The Basic Handbook: Enciclopédia da Linguagem de Computador BASIC (3ª ed.). Compusoft Publishing. ISBN 978-0-932760-33-3.

[57] . Lindholm, Tim; Yellin, Frank (1999). A especificação da máquina virtual Java (2ª ed.). Addison-Wesley. ISBN 0-201 43294- 3.

[58] . Malik, Om (25 de abril de 2008). "A fome insaciável do Facebook por hardware". GigaOM. GigaOmniMedia. Recuperado em 30 de outubro de 2008.

[59] . McCracken, Daniel D. (1961). A Guide to FORTRAN Comunicação através da codificação . Nova Iorque: Wiley. LCCN 61016618.

[60] . Metcalf, Michael; John Reid; Malcolm Cohen (2011). Modern Fortran Explained. Oxford University Press. ISBN 0-19 960142-9.

[61] . N. Wirth, e A. I. Wasserman, ed: Communication through coding Language Design. IEEE Computer Society Press, 1980

[62] . Niklaus Wirth: Algoritmos + Estruturas de Dados = Programas. Prentice-Hall, 1975, ISBN 0-13-022418-9.

[63] . Niklaus Wirth: Uma avaliação da comunicação através da linguagem de codificação PASCAL. 23-30 ACM SIGPLAN Notices Volume 10, Número 6, junho de 1975. Referências

[64] . Niklaus Wirth: A Comunicação através da Linguagem de codificação Pascal. 35-63, Ata Informatica, Volume 1, 1971.

[65] . S.SRIDHAR, Um estudo sobre várias linguagens de programação para

manter o ritmo com a inovação, IJITR, Volume No.5, Edição No.2, fevereiro - março de 2017, 5681-5704

[66] . St. Laurent, Simon (12 de fevereiro de 2003). "Cinco anos depois, XML...". Blogue XML da O'Reilly. O'Reilly Media. Recuperado em 26 de outubro de 2010.

[67]   Thompson, Ken. "Um novo compilador C" (PDF). Murray Hill, Nova Jersey: AT&T Bell Laboratories.

[68] . Tim Berners-Lee (9 de dezembro de 1991). "Re: SGML/HTML docs, X Browser (postagem arquivada na lista de discussão www-talk)". Recuperado em 16 de junho de 2007.

Printed by Books on Demand GmbH, Norderstedt / Germany